Regionalnachrichten im Hörfunk

Karl-Albrecht Immel

Regionalnachrichten im Hörfunk

Verständlich schreiben für
Radiohörer

 Springer VS

Karl-Albrecht Immel
Südwestrundfunk
Stuttgart, Deutschland

ISBN 978-3-658-04892-1   ISBN 978-3-658-04893-8 (eBook)
DOI 10.1007/978-3-658-04893-8

Die Deutsche Nationalbibliothek verzeichnet diese Publikation in der Deutschen Nationalbibliografie; detaillierte bibliografische Daten sind im Internet über http://dnb.d-nb.de abrufbar.

Springer VS
© Springer Fachmedien Wiesbaden 2014

Gedruckt auf säurefreiem und chlorfrei gebleichtem Papier

Springer VS ist eine Marke von Springer DE. Springer DE ist Teil der Fachverlagsgruppe Springer Science + Business Media
www.springer-vs.de

Vorwort

Wer regelmäßig Regionalnachrichten hört, wundert sich nicht, wenn Unfallopfer ihren „tödlichen Verletzungen erlegen sind" oder die Stadtbahn nicht unpünktlich ist sondern „schlechte Pünktlichkeitswerte erreicht". Ihnen fällt in der indirekten Rede der wechselnde Gebrauch von „habe", „hätte" und „haben würde" auf und sie fragen sich, was wohl mit Fachbegriffen wie „Verstrickungsbruch" oder „Beschäl-platte" gemeint sein könnte. Verwirrung stiften Weißstörche, die „in den Süden aufbrechen, um nach Westen zu ziehen und in Spanien oder im Nahen Osten zu überwintern". Kurz: Viele Regionalnachrichten lassen Platz für Verbesserungen.

Allerdings: Ausflüge in die Weltnachrichten, in die Hörfunk- und Fernsehnach-richten privater Sender oder ins öffentlich-rechtliche Fernsehangebot von „heute" bis zu den „Tagesthemen" lehren, dass viele der hier angedeuteten Fehler auch dort gemacht werden. Schachtelsätze und doppelte Verneinungen, falsche Konjunktive oder missratene Metaphern gibt es nicht nur in den Regionalnachrichten – und erst recht nicht nur in öffentlich-rechtlichen Sendern.

Seit vielen Jahren bin ich in Funkhäusern vor allem der ARD unterwegs, um mit Kolleginnen und Kollegen über deren Nachrichten und Regionalnachrichten zu sprechen. Oft gehen wir konkret die Meldungen einer bestimmten Woche durch. In solchen Sitzungen wird viel gelacht. Wenn der Beamer wieder eine besonders „gelungene" Formulierung an die Wand wirft, macht sich oft Grinsen auf den Ge-sichtern der Teilnehmer breit – und Erleichterung, wenn das Beispiel von einem anderen Kollegen stammt. Manchmal spüre ich allerdings auch ein bisschen Ver-zweiflung. „Das kann doch nicht wahr sein, das alles sollen wir innerhalb einer Woche gesendet haben?"

Keine übertriebene Sorge: Noch zeigen alle Untersuchungen der Medienfor-schung, dass die Hörer mit den Welt- und Regionalnachrichten ziemlich zufrieden sind. Allerdings sollten die Macher der Nachrichten kritischer sein als ihre Kunden. Wenn den Hörern die Fehler erst einmal unangenehm auffallen, könnte es zu spät sein.

Nachrichten schreiben kann man lernen. Dazu muss man sich ein paar grundsätzliche Regeln klarmachen. Außerdem hilft es, oft gemachte Fehler systematisch auszuwerten und aus ihnen zu lernen. Wenn man sich dann noch regelmäßig mit Kollegen austauscht, also Feedback gibt und bekommt, dann sollte es klappen. Nach den Erfahrungen aus über 20 Jahren Nachrichten machen, untersuchen und besprechen, bin ich da sehr optimistisch.

Die Nachrichtenbeispiele in diesem Buch stammen allesamt aus den Regional- bzw. Landesnachrichten verschiedener ARD-Programme. Dazu wurden in den vergangenen Jahren mehr als 14.000 Meldungen aus allen Regionen der Republik ausgewertet. Die verwendeten Beispiele wurden anonymisiert. Es schmunzle also niemand über die Fehler der „anderen" – es könnten die eigenen sein.

Dieses Buch ist sozusagen die Quintessenz aus ungezählten Nachrichtenseminaren, Feedbacksitzungen, Redaktionsgesprächen und Mailwechseln, in denen viel grundsätzlich diskutiert, erwogen und verworfen, konkret umformuliert und verbessert wurde. Dabei ging es immer konstruktiv und gottseidank nicht immer nur bierernst zu. Dafür danke ich den vielen Kolleginnen und Kollegen, deren Beiträge dieses Buch erst möglich gemacht haben.

Inhaltsverzeichnis

Einleitung

Der Begriff „Nachricht" entstand im 17. Jahrhundert als „mittheilung zum dar-nachrichten und die darnachachtung". Ein durchaus obrigkeitsstaatlicher Ansatz. Erst zwei Jahrhunderte später wurde daraus allmählich die heutige „Neuigkeit" oder „Mitteilung" – parallel zur Entwicklung des sogenannten „Informationsjour-nalismus" und der Gründung internationaler Nachrichtenagenturen. Ein Schelm, der heute noch in manchen Meldungen den Atem des 17. Jahrhunderts zu spüren meint.

Stündliche Nachrichten bilden schon seit den 1960er-Jahren das Gerüst der meisten Hörfunkprogramme. Seit rund 30 Jahren werden auch die Regionalnach-richten in den meisten Sendern immer wichtiger. Grade in Zeiten der Globalisie-rung interessieren sich die Menschen offenbar verstärkt für ihre regionale Umge-bung. Regionalnachrichten signalisieren Kompetenz und Hörernähe. Sie verstär-ken die „Hörerbindung".

Viele Sender haben deshalb ihr regionales Informationsangebot ausgebaut, wenn auch in sehr unterschiedlichem Maß. In manchen Programmen werden re-gelmäßig Landesnachrichten angeboten, andere Programme schalten mehrmals täglich zu ein paar Minuten Regionalnachrichten auseinander und wieder andere senden täglich sogar stundenlang aktuelle Magazine aus den Regionalstudios – und zusätzlich Regionalnachrichten im Stundentakt.

An die Regionalnachrichten müssen die gleichen Qualitätsanforderungen ge-stellt werden wie an ihre „große Schwester", die Weltnachrichten. Allerdings sind Regionalnachrichten oft schwieriger zu schreiben. Fehler fallen sofort auf und wer-den nicht so leicht von der Wichtigkeit einer Meldung überstrahlt.

Stellen Sie sich vor, es ist 7.30 Uhr und Sie hören die erste Meldung, also den „Aufmacher" der Regionalnachrichten:

K.-A. Immel, *Regionalnachrichten im Hörfunk,*
DOI 10.1007/978-3-658-04893-8_1, © Springer Fachmedien Wiesbaden 2014

Ahausen: Die Bürgermeisterin von Ahausen, Elvira Maier, hat sich beim Skilanglauf verletzt. Die 59-Jährige erlitt bei einem Sturz einen Beckenbruch und muss sich schonen. Sie hat alle Termine in den nächsten zwei Wochen abgesagt. Die Amtsgeschäfte führt solange der stellvertretende Rathauschef Heribert Müller.

Das klingt ziemlich uninteressant, ja provinziell. Ersetzen Sie jedoch Ahausen durch Moskau, Washington oder Berlin und die Namen Müller und Maier durch die der jeweiligen Regierungschefs und ihrer Stellvertreter – schon ist eine wichtige Meldung fertig.

Die Redaktion der Weltnachrichten kann sich in der Regel auf zahlreiche Agenturmeldungen stützen. Regionale Themen werden dagegen nur selten von den Agenturen aufgegriffen. Regionalnachrichten gehen meist auf den Polizeibericht oder Pressemitteilungen zurück. Deren Qualität ist oft ziemlich unsäglich. Da muss aus verquastem Deutsch eine verständliche Botschaft destilliert werden. Das Wichtigste ist irgendwo im Text versteckt und zuweilen gibt es gar keinen Nachrichtenkern. Es ist gar nicht so einfach, regelmäßig regionale Nachrichten mit wirklich relevanten Meldungen zu bestücken. Regionalredaktion suchen deshalb an manchen Tagen händeringend nach Themen, um eine Drei-Minuten-Sendung zu füllen.

Das nutzen auch die Pressestellen vieler Unternehmen und Verbände, Vereine und Behörden. Sie bombardieren die Redaktionen regelrecht mit Pressemitteilungen. Leider haben sie oft keine Ahnung von den Bedürfnissen einer Nachrichtenredaktion, verschicken langatmige Texte und wundern sich, wenn ihre Mitteilungen in den Redaktionspapierkörben landen oder schlimmer: wenn daraus Meldungen werden, die inhaltlich nicht korrekt sind.

Zunehmend generieren die Redaktionen selbst Meldungen. Bundesthemen oder gar internationale Meldungen werden auf das Sendegebiet „herunter gebrochen". Was bedeuten in Berlin verabschiedete Gesetze für die Region? Gibt es interessante Reaktionen aus meinem Sendegebiet? Was sagt die türkische Gemeinde hier zu Entscheidungen der Regierung in Ankara?

Immer wichtiger werden die Meldungen im Netz. Alle größeren Sender investieren viel in eigene Nachrichtenseiten. Allerdings ist das Online-Angebot vieler Anbieter noch sehr ausbaufähig. Oft sind Online-Nachrichten noch ein „Abfallprodukt" der on air gesendeten Meldungen. Nur wenige Anbieter können schon ausreichend Personal und Geld in die Aufbereitung fürs Netz stecken. „Online" ist erst seit wenigen Jahren fester Bestandteil eines guten Volontariats. „Digital Natives" sind in den Redaktionen noch relativ selten. Umso wichtiger sind das Wissen um ein paar grundsätzliche Merkmale des Online-Journalismus und klare Regeln für den Netzauftritt.

Fazit: Gute Regionalnachrichten sind oft hart erarbeitet. Deshalb ist es besonders wichtig, dass Regionalredakteure die handwerklichen Nachrichten-Regeln beherrschen. Diese Handreichung will helfen, oft gemachte Fehler zu erkennen und zu vermeiden.

Die vielen Beispiele und Tipps in diesem Buch sind wahrscheinlich auch hilfreich für Pressereferenten und -sprecher, die ja nicht in den Nachrichtenredaktionen sitzen sondern Texte produzieren, die erst später zu Nachrichten werden sollen. Sie bekommen nur selten qualifiziertes Feedback und wundern sich vielleicht, warum sie in den Nachrichten ihre Texte oft nicht wiedererkennen. Das beste Mittel dagegen sind von vornherein gut geschriebene Pressemitteilungen.

Regionalität

2

Noch bis in die 1970er Jahre wurde „regional" oft mit „provinziell" oder „spießig" gleichgesetzt – engstirnig, kleinbürgerlich, kulturell rückständig. Regionale Radioangebote waren im Vergleich zu heute eher „volkstümlich". Regionalnachrichten waren Sache der Zeitungen. Der öffentlich-rechtliche Rundfunk hielt sich aus dieser Domäne der Verleger weitgehend heraus. Auch viele Hörfunkredakteure mit intellektuellem Anspruch sahen im Regionalen eher keine Herausforderung. Das hat sich gründlich geändert – in mehreren Wellen mit unterschiedlichen Ausprägungen.

2.1 Die Wahrnehmung des Regionalen

Ab Mitte der 1970er Jahre wird die Regionalität zum ersten Mal als erstrebenswertes Ziel erkannt: Praktisch alle öffentlich-rechtlichen Sender entwickeln Konzepte für regionale Fernseh- und Radiosendungen (in Deutschland gibt es noch kein duales System und damit keine privaten Sender). Begleitstudien und Hörer- bzw. Zuschaueranalysen versuchen zu belegen, dass die Menschen sich zunehmend für die sogenannte Nahwelt interessieren.

Dieses Interesse hängt auch mit der gesellschaftlichen Aufbruchsstimmung in den Jahren nach 1968 zusammen. Regionalität wird verbunden mit demokratisch erstrebenswerten Zielen: Transparenz, Partizipation, Bürgerbeteiligung, „Gegenöffentlichkeit" – Regionalisierung wird zu einem Symbol des Widerstandes gegen eine bürgerferne Obrigkeit, gegen Zentralisierung und Bürokratisierung.

Auf einer richtungsweisenden Tagung des Studienkreises Rundfunk und Geschichte in Tübingen sagte der damalige Intendant des Südwestfunks, Willibald Hilf: „Region bezeichnet quasi den Ort, wo solcher Widerstand gegen vermeintlich schicksalhafte Sachzwänge und die Unterdrückung individueller und sozialer Bedürfnisse sich regt und vor allem sich regen kann." (Hilf 1977)

K.-A. Immel, *Regionalnachrichten im Hörfunk*,
DOI 10.1007/978-3-658-04893-8_2, © Springer Fachmedien Wiesbaden 2014

Man darf Hilf getrost zu den konservativen Medienschaffenden zählen. In diesem Punkt aber klang sein Plädoyer ganz ähnlich wie die Äußerungen progressiver Sozialforscher. So deutete der Kulturwissenschaftler Hermann Bausinger den Regionalismus schlicht als „Symptom dafür, dass der fortschreitenden Entmündigung Widerstand entgegengesetzt wird, dass sich der Bürger nicht nur Sachzwängen ausgeliefert sehen will, dass er vielmehr mitbestimmen, mitentscheiden will." Die Massenmedien, so Bausinger, „haben den Auftrag, den bürgerschaftlichen Willen zum Mitreden und Mitmachen zu stärken und nötige Informationen zur Verfügung zu stellen. Anders gesagt, es geht um eine Intensivierung der politischen Kultur." (Bausinger 1977)

Diese Aufbruchstimmung führte dazu, dass einige Sender konsequent Regionalstudios aufbauten und regionale Sendestrecken einrichteten. Andere allerdings scheuten den enormen finanziellen Aufwand und beließen es bei eher bescheidenen Regionalstrukturen.

Mitte der 1980er Jahre wurden private Rundfunksender zugelassen – meist mit regional begrenzten Frequenzen und der ausdrücklichen Begründung, dass es ein gesellschaftliches Bedürfnis nach regionaler Medienvielfalt gebe. Viele Tageszeitungen gründeten eigene Sender. Der Wettbewerb um elektronisch verbreitete Regionalinformation war eröffnet. Auch die öffentlich-rechtlichen Sender erkannten, dass sich mit regionaler Berichterstattung Hörer binden lassen – in Konkurrenz zu den überall sprießenden privaten Hörfunkangeboten.

Die einst gesellschaftspolitischen Motive wichen vor allem wettbewerbsstrategischen Überlegungen.

Die deutsche Wiedervereinigung verlieh den regionalen Medien einen weiteren Schub. Das föderale System von Landesrundfunkanstalten wurde auf Ostdeutschland übertragen. Mittlerweile stehen alle Sender zu ihrem regionalen Informationsangebot und zugleich wächst das Interesse der Hörer an regionalen Themen – beide Trends verstärken sich gegenseitig. Der Erhalt oder gar Ausbau regionaler Hörfunkangebote stößt heute allerdings bei allen Medienanbietern zunehmend an finanzielle Grenzen.

Eine Untersuchung der ARD-Medienforscher Ekkehardt Oehmichen und Christian Schröter zeigt: Die Medienutzer interessieren sich generell deutlich mehr für Ereignisse auf lokaler oder regionaler Ebene als für nationale oder internationale Geschehnisse. Das gilt für Zeitungsleser, Radiohörer, Fernsehzuschauer und Internetnutzer. (Oehmichen und Schröter 2011)

In der bundesweiten Repräsentativstudie 2006 der ARD-Medienforschung wurden Erwachsene gefragt, an welchen Ereignissen sie besonders interessiert sind. Das Ergebnis (in %), aufgeschlüsselt nach „Lebensstilen" (Mediennutzertypisierung, sog. MNT-2.0-Typen) (Tab. 2.1):

Tab. 2.1 Regionales Interesse nach Mediennutzertypen. (Quelle: Ekkehard Oehmichen und Christian Schröter: Internet zwischen Globalität und Regionalität. In: Media Perspektive 4/2011, S. 182–194)

	Gesamt	Junge Wilde	Zielstrebige Trendsetter	Unauffällige	Berufsorientierte	Aktiv Familienorientierte	Moderne Kulturorientierte	Häusliche	Vielseitig Interessierte	Kulturorientierte Traditionelle	Zurückgezogene
Ereignisse im Ort, in dem man lebt:	46	32	43	34	26	61	42	56	71	34	37
Ereignisse in der näheren Umgebung des Wohnorts	35	23	34	21	18	42	34	46	63	24	31
Ereignisse in dem Bundesland, in dem man lebt	27	12	22	10	17	33	34	41	53	24	20
Ereignisse in Deutschland	33	17	30	9	27	36	46	45	66	28	25
Ereignisse im Ausland	18	13	25	4	24	17	34	18	37	15	10

Mehrfachnennungen möglich

Tab. 2.2 Zugewiesene Kompetenz für regionale Inhalte. (Quelle: Ekkehard Oehmichen und Christian Schröter: Internet zwischen Globalität und Regionalität. In: Media Perspektive 4/2011, S. 182–194)

Für eine Internetseite mit regionalen Informationen/Serviceleistungen wäre am kompetentesten:	2002 (%)	2007 (%)	2010 (%)
Die regionale Tageszeitung	42	45	43
Die Landesrundfunkanstalt	22	24	32
Der Landkreis, die Gemeinde	13	11	10
Ein privater Rundfunkanbieter	8	6	7
Sonstige	15	14	8

Fast in allen Kategorien (Mediennutzertypen in Tab. 2.1) zeigt sich: Die Menschen interessieren sich deutlich mehr für ihr lokales und regionales Umfeld als für Ereignisse auf Landes- oder Bundesebene. In der Summe sind „Nah-Meldungen" genauso wichtig wie solche aus Land, Bund und der ganzen Welt zusammen.

Wer an Regionalem sehr interessiert ist, informiert sich vor allem aus der Tageszeitung und dem Radio. Das gilt insbesondere für die mittlere und ältere Generation. Auch der wachsende Kreis der Menschen mit Online-Zugang sucht regionale Informationen vor allem in Printmedien und im Hörfunk. Das untersuchte z. B. die ARD/ZDF-Onlinestudie 2009. Von den Menschen, die an Regionalem sehr interessiert sind und Online-Zugang haben, nutzen täglich 68 % die Tageszeitung und über 62 % das Radio, um regionale Informationen zu bekommen. Dagegen haben es das Fernsehen (knapp 49 %) und das Internet (gut 15 %) vergleichsweise schwer. Dem Fernsehen werden deutlich mehr Kompetenzen bei nationalen und internationalen Ereignissen zugeschrieben. Das Internet gilt vor allem als Quelle für Informationen aus der unmittelbaren Nähe (also lokal) oder entfernten Ländern oder Regionen – dazwischen klafft eine Lücke.

In diesem Zusammenhang interessant: Die öffentlich-rechtlichen Rundfunkanstalten weiten ihr Angebot von Regionalnachrichten seit einigen Jahren auch online aus – offenbar mit Erfolg. Gefragt, wer für eine Internetseite mit regionalem Inhalt besonders kompetent wäre, nennen immer mehr Menschen ihre Landesrundfunkanstalt. Das zeigen die ARD/ZDF-Onlinestudien von 2002, 2007 und 2010 (vgl. Tab. 2.2).

2.2 Was heißt eigentlich „regionale" Berichterstattung?

Regional ist, was sich in der Region abspielt und/oder für eine Region wichtig ist. Dabei kann Regionalität auch entstehen, wenn zu internationalen oder nationalen Themen ein regionaler Bezug hergestellt wird. Welche Folgen hat eine neue europäische Asylrichtlinie für die Gemeinde? Was bedeutet das neue Steuergesetz für die großen Arbeitgeber in der Region? Was sagen die regionalen Elternvertreter zur geplanten Schulreform? Und so weiter.

Die Region ist keine heile Welt, aber ein Raum, in dem man sich auskennt. Immerhin leben fast 55 % der Bundesbürger noch in ihrem Geburtsort oder einer Nachbargemeinde – und ein Viertel aller Weggezogenen besucht die Heimat mehrmals im Jahr. (Der Begriff „Heimat" wird in Deutschland noch heute als sehr problematisch empfunden, weil er von den Nationalsozialisten missbraucht und nachhaltig beschädigt wurde.)

Region wird zunehmend positiv definiert. Früher galt vor allem für die ländliche Region: Die Menschen sind weniger umfassend informiert, weit entfernt von industriellen Arbeitsplätzen und überregionalen Kontakten. Überkommene soziale Strukturen, verbunden mit sehr konservativen Moralvorstellungen und ausgeprägter sozialer Kontrolle, sorgten für Beschränkungen, erzeugten Enge. Heute, im Zeitalter beinahe unbeschränkter Kommunikation, sind die Unterschiede zwischen Stadt und Land nahezu eingeebnet. Hightech-Unternehmen und Globalplayer, Popkultur und anspruchsvolles Theater, politische Vielfalt und Szeneleben – all das gibt es heute fast überall. Aber das Positive wird wichtig: naturnäher, ruhiger, überschaubarer, sicherer, gesünder. Je globalisierter die Welt, desto wichtiger wird den Menschen offenbar der Nahraum, den sie kennen, dessen Regeln sie kennen und verstehen. Grade in Zeiten überregionaler Bedrohungen wie internationalen Konflikten, Terror, Finanzkrisen oder die Aushöhlung des Datenschutzes steigt das Bedürfnis nach regionaler Überschaubarkeit und Sicherheit.

Regionalität steht für Nähe – nicht nur geografisch sondern auch emotional. Regionalnachrichten sind „Nah-Nachrichten", aber Intellektuelle tun sich oft noch schwer, zu ihren regionalen Bindungen zu stehen. Sie misstrauen „Geborgenheit" und positiven Gefühlen – und so müssen weiterhin abgestandene Klischees herhalten: Bauernfunk und Musikantenstadl, Bergdoktor und Heidebauer, Blasmusik, Trachtenumzug und Schützenverein. Viele halten Regionales noch heute für bestenfalls zweitrangig. Es wird höchste Zeit solchen Dünkel zu überwinden.

Die Renaissance des Regionalen bedeutet ausdrücklich nicht, dass die Regionalnachrichten nur positiv besetzte Inhalte melden oder Geborgenheit vermitteln müssten – im Gegenteil. Aufbauend auf dem Interesse für die Region müssen sie dieses Interesse nutzen, moderne Inhalte zu transportieren – und möglicherweise auch Gefahren aufzuzeigen, die der „regionalen Geborgenheit" drohen. Das öffentliche Interesse am Regionalen ist sozusagen nur die Basis, die den Nachrichten Aufmerksamkeit verschafft.

Der Intendant des SWR, Peter Boudgoust, formulierte im November 2009 „Zehn Thesen zur Regionalität". Darin stellte er klar: „Regionalität darf nicht verwechselt werden oder verwechselbar werden mit Provinzialität. Dies ist auch eine

Frage der Einstellung eines jeden Redakteurs oder Reporters und auch eine Frage der redaktionellen bzw. medialen Umsetzung. Es gibt kein vorausgesetztes Bedeutungsgefälle zwischen überregionalen und regionalen Ereignissen, sondern wir müssen alle Geschehnisse in Beziehung setzen zur Lebensrealität der Menschen in unserem Sendegebiet. Dabei haben wir die Aufgabe, Regionalität zeitgemäß abzubilden, also modern und authentisch – nicht langweilig oder gar mit arroganter Distanz." Und weiter: „Wo immer möglich sollte die Betrachtung und Berichterstattung aus der Welt nicht auf einer austauschbaren Überregionalität basieren, sondern die Perspektive der Menschen im Land berücksichtigen. Die Konsequenzen von Entscheidungen in Berlin oder Brüssel müssen übersetzt und an Beispielen aus der Erfahrungswelt der Zuschauer und Zuhörer dargestellt werden." (Boudgust 2009) Also Regionalität als Blickwinkel, nicht als Genre – Regionalnachrichten als besonders wichtige Form der Nachrichten.

Für die Macher von Regionalnachrichten hat das einschneidende Konsequenzen. Sie dürfen nicht einfach warten bis Polizeiberichte und oder Pressemitteilungen in die Redaktion flattern. Sie müssen sich aktiv um die regionale Perspektive kümmern. Sie müssen selbst zur Nachricht machen, was auch überregionale Ereignisse für die Region bedeuten oder welche Reaktionen sie in der Region auslösen. Die weitverbreitete Mentalität: „Wir suchen aus den Agenturmeldungen und Pressemitteilungen das Wichtigste heraus und bestücken damit die Nachrichten" reicht nicht mehr aus. Immer wichtiger werden die von der Redaktion selbst aufgegriffenen Fragestellungen, die selbst initiierten Reaktionen. Gefragt ist das Gespür dafür, welche Themen für die Region relevant sein könnten – auch wenn sie auf den ersten Blick als nationale oder gar globale Themen daherkommen. Diese Themen müssen so aufbereitet werden, dass die Menschen sie als relevant erkennen. Regionalnachrichten müssen aktuell, informativ und ggf. nützlich sein – und manchmal auch unterhaltsam. Auf jeden Fall müssen sie verständlich sein.

Literatur

Bausinger, Hermann. 1977. Vermittlung der Nahwelt? Zur Funktion der Regionalprogramme. *epd Kirche und Rundfunk* 75:1–5.
Boudgust, Peter. 2009. Zehn Thesen zur Regionalität im SWR. *Senderinternes Papier vom 26. November 2009.*
Hilf, Willibald. 1977. Regionalität als Programmauftrag. *Mitteilungen des Studienkreises Rundfunk und Geschichte* 4:8–21.
Oehmichen, Ekkehardt, und Christian Schröter. 2011. Internet zwischen Globalität und Regionalität. *Media Perspektiven* 4:182–194.

Nachrichten müssen objektiv sein – neutral, unparteiisch, ausgewogen. So fordern es Landesrundfunkgesetze und unzählige Nachrichtenrichtlinien. Das Postulat ist alt, erstmals formuliert von Zeitungsverlegern in den USA des ausgehenden 19. Jahrhunderts. Das hatte damals wenig zu tun mit hohen gesellschaftspolitischen Ansprüchen an die Berichterstattung. Die Verleger hatten schlicht Angst, dass durch Meinungsäußerungen bestimmte Lesergruppen vor den Kopf gestoßen und als Käufer verprellt werden könnten. Das Argument hat auch heute noch seine Berechtigung.

3.1 Objektivität – kann es die überhaupt geben?

Die Medien sind voller Meinungsäußerungen und Bewertungen. Den Nachrichten wird die Aufgabe zugeschrieben, die „reine" Information zur Verfügung zu stellen, auf deren Basis dann Meinungsbildung stattfinden kann – also die allgemeine, unabhängige, objektive, faire, nüchterne und sorgfältige Darstellung von Fakten. Das ist nicht nur inhaltlich gemeint, sondern umfasst auch die Art der Formulierung und die Präsentation. Auch zwischen den Zeilen sollen keine Wertungen „versteckt" werden.

Streng genommen sind das unerfüllbare Ansprüche. Man kann Meldungen nur auswählen oder weglassen, wenn man sie vorher bewertet und einordnet. Der Redakteur muss zwischen wichtig und unwichtig unterscheiden und die Glaubwürdigkeit von Meldungen einschätzen. Das gilt für die Abwägung, welche Quellen er akzeptiert, für die Entscheidung, welche Themen in die Nachrichten kommen bis hin zur Frage, welche Aspekte innerhalb einer Meldung genannt und welche weggelassen werden.

Natürlich kann auch ein noch so guter Nachrichtenredakteur seine Interessen, seine Weltanschauung und Bildung, seine soziale Herkunft und seine Erfahrungen,

K.-A. Immel, *Regionalnachrichten im Hörfunk*,
DOI 10.1007/978-3-658-04893-8_3, © Springer Fachmedien Wiesbaden 2014

seine Erwartungen und sein Alter nicht abstreifen – dennoch muss er alles tun, um
möglichst objektiv zu bleiben: evtl. Vorurteile ausblenden, möglichst sachlich und
genau sein.

Trotzdem wird eine Nachrichtensendung immer auch persönlich gefärbt sein,
das fängt bei der Wortwahl und dem Satzbau an und reicht bis zur Auswahl der
Meldungen. Ausgewogenheit entsteht deshalb auch nicht allein nur durch das Bemühen jedes einzelnen Redakteurs um neutrale und faire Darstellung sondern auch
durch die Vielfalt unterschiedlicher Persönlichkeiten innerhalb einer Redaktion.

3.2   Was heißt „objektiv und ausgewogen?"

Mit dem Begriff „Objektivität" haben sich schon viele Kommunikationswissenschaftler abgemüht. Letztlich geht es immer wieder um vier Kriterien: Der Inhalt
einer Meldung muss „wirklichkeitsgetreu" und die Nachrichtenauswahl „unparteiisch" sein, die Nachrichten müssen „sachlich formuliert" und „neutral präsentiert"
werden.

Nachrichten sollen „die Wirklichkeit abbilden". Das bedeutet, sie müssen nach-
prüfbar sein. Für den Redakteur heißt das, er muss jede Meldung so schreiben, als
ob alle Hörer den Wahrheitsgehalt nachprüfen und beurteilen könnten. Wirklichkeitsgetreu kann aber nicht heißen, sich auf „reine" Fakten zu beschränken (Ereignisse, Zahlen oder Zitate). Erstens ist auch deren Auswahl nie „objektiv" und
zweitens würde dann ein ganz wichtiger Teil guter Nachrichten entfallen: die Ein-
ordnung in Zusammenhänge, Hintergründe und Ursachen, mögliche Auswirkungen etc.). Neuhochdeutsch: Zur guten Meldung gehört auch die Faktendimensionierung – fair, ohne Vorurteile, ohne Partei zu ergreifen.

Die Nachrichtenauswahl soll unparteiisch, sie soll objektiv sein. Ein guter Nachrichtenredakteur wird immer darauf achten, dass seine Meldungen für möglichst
viele Hörer relevant sind. Das können Entscheidungen sein, die viele Menschen
direkt betreffen (z. B. Änderungen im Steuerrecht, Einführung einer allgemei-
nen Straßenmaut, neue Wohnbauförderprogramme bis hin zur Entscheidung des
Gemeinderats über die Schließung eines Hallenbades); das können Meldungen
sein, die zum Verständnis wichtiger Zusammenhänge nötig sind (Wahlergebnis-
se, Koalitionsverhandlungen, Arbeitslosenstatistiken, Gesundheitsreform, Wald-
zustandsbericht und vieles mehr); Meldungen, über die viele Menschen sprechen
werden (von Terroranschlägen im Irak über Naturkatastrophen bis hin zum Unfall
eines Prominenten); und das können Meldungen mit Servicecharakter sein (Frist-
verlängerung für die Abgabe von Förderanträgen, unwetterbedingte Zug- oder
Flugausfälle, Änderungen bei der Müllabfuhr etc.). Viele Meldungen werden so-

gar mehrere solcher Kriterien erfüllen. Aber immer muss der Redakteur gewichten und auswählen – er muss ein „öffentliches Interesse" unterstellen.

Etwas passiert, dann wird darüber berichtet – das wäre der Idealfall. Oft allerdings werden Ereignisse ganz bewusst inszeniert, damit darüber berichtet wird. Das reicht von der klassischen Pressekonferenz über bestimmte Demonstrationsformen bis hin zur bewusst provozierenden Politikeräußerung.

Deshalb muss der Redakteur berücksichtigen, ob der Urheber einer Nachricht ein ganz eigenes Interesse an der Veröffentlichung hat. Parteien und Verbände, die Kirchen, Gewerkschaften, Unternehmen, Kammern, Forschungs- und Bildungseinrichtungen, Vereine, Ämter und so weiter beschäftigen Heerscharen von Pressereferenten und Lobbyisten. Ihnen darf der Nachrichtenredakteur nicht auf den Leim gehen. Werbung und PR sind in den Nachrichten tabu. Andererseits können Pressemitteilungen – obwohl interessengesteuert – sehr relevant für die Allgemeinheit sein. Auch hier müssen Nachrichtenredakteure abwägen, filtern, recherchieren, gegenüberstellen, ergänzen, umformulieren.

Ausgewogenheit heißt ausdrücklich nicht, dass jede Meldung über eine Partei durch eine Meldung über eine konkurrierende Partei „aufgewogen" werden müsste. Nicht jede Gewerkschaftsforderung kann durch eine Äußerung der Arbeitgeber ergänzt werden (und umgekehrt). Es gibt halt Tage, da finden bestimmte Parteikonvente, Arbeitgeberkongresse oder Gewerkschaftstreffen statt, die dann im Mittelpunkt stehen. Eine einzelne Sendung wird nie ausgewogen sein. Ausgewogenheit kann nur über längere Zeiträume hinweg angestrebt werden.

Überparteilichkeit hat übrigens auch Grenzen. Es gibt manchmal Dinge, die dulden kein Für und Wider. Da muss der Nachrichtenredakteur Stellung beziehen. Der frühere Fernsehmoderator und mehrfache Grimme-Preisträger Dagobert Lindlau hat das einmal drastisch auf den Punkt gebracht. Er warnte in den 1970er Jahren davor die Neutralität so weit zu treiben, dass „wir der Ausgewogenheit zuliebe bei einem Film über die Hitlerschen KZs einen alten Nazi vor die Kamera holen, der dann feststellt, die Konzentrationslager hätten schließlich auch ihre guten Seiten" gehabt.

Das alles spricht nicht dagegen, allgemeingültige Normen für journalistische Objektivität einzufordern. Man muss sich nur klar darüber sein, dass Objektivität nicht bedeutet, „reine Wirklichkeit abzubilden". Es geht darum, Erkenntnisse zu vermitteln und dabei nach gesellschaftlich anerkannten einheitlichen Normen vorzugehen. Dazu gehören nicht nur die ethischen Anforderungen an Nachrichtenredakteure sondern auch formale Routinen: Aussagen durch Tatsachen belegen, gegensätzliche Standpunkte gegenüberstellen, eigene und fremde Aussagen deutlich trennen, die Information nach Wichtigkeit gliedern („das Wichtigste zuerst"), Nachricht und Meinung auseinander halten.

Solche Routinen helfen den Eindruck von Objektivität zu vermitteln, sie schützen vor Kritik und in demokratischen Gesellschaften auch vor Zensur. Zudem hängt auch das gesellschaftliche Ansehen des Berufsstandes „Journalist" ganz entscheidend davon ab, wie glaubwürdig und kompetent ihre Informationen und wie fair ihre Meinungsäußerungen empfunden werden. Da geht es Journalisten nicht anders als Forschern oder Richtern.

Am Ende wird es immer Hörer geben, die mit einzelnen Meldungen nicht zufrieden sind, die Tendenzen unterstellen, sachliche Fehler bemängeln oder andere Vorstellungen von Wichtigkeit haben. Entscheidend ist, dass ein Nachrichtenredakteur gute Gründe für die Auswahl seiner Meldungen und für seine Formulierungen hat. Dann dürfen Meinungsunterschiede (und auch unterschiedliche Interessen) ruhig sein.

Lesen vs. Hören

Im Radio gesprochene Texte entstehen manchmal spontan und manchmal aufgrund von notierten Stichworten. Meist aber werden sie vorher niedergeschrieben – das gilt insbesondere für alle Nachrichten und Regionalnachrichten. Das bedeutet: Nachrichtenredakteure schreiben, ein Sprecher oder der Redakteur am Mikrofon liest und der „Endverbraucher" hört. Aus der Schreibe (mit Zwischenüberschriften, Absätzen, Satzzeichen usw.) wird die Spreche (mit Betonungen und Pausen, Sprechdynamik und Körpersprache). Und schließlich nimmt der Hörer ausschließlich über das Ohr wahr. Nachrichtenredakteure müssen also von vornherein Spreche schreiben, andernfalls würde am Ende Schreibe gesprochen werden.

In der Schule haben wir vor allem gelernt, uns schriftlich auszudrücken – in Aufsätzen, Hausaufgaben, Klassenarbeiten. „Sprechen" wurde nur selten geübt, paradoxerweise eher im Fremdsprachenunterricht als im Fach Deutsch. Das ändert sich erst in jüngster Zeit ein bisschen. (Allerdings wird freies Sprechen in der Schule mittlerweile fast immer ergänzt durch Powerpoint-Präsentationen o. ä.)

Wer einen Zeitungstext liest, muss sich darauf konzentrieren. Radionachrichten werden oft „nebenher" gehört – in der Regel noch dazu nicht zu einem selbst gewählten Zeitpunkt sondern zur vorgegebenen Sendezeit. Der Hörer hat im Gegensatz zum Leser auch nicht den Überblick über den gesamten Text, die Gliederung, womöglich sogar Bilder oder Grafiken.

Hören ist ein linearer Vorgang. Anders als beim Lesen ist zurückblättern oder den vorausgegangenen Satz nochmal lesen nicht möglich. Was nicht auf Anhieb verstanden wird, ist perdu. Muss der Hörer über eine Aussage oder auch nur ein Wort nachdenken, verpasst er die nächsten Ausführungen. „Besinnungspausen" sind nicht möglich – auch kein Nachschlagen, keine Rückfrage. Das hat Konsequenzen. Eine Aussage darf nicht erst verständlich werden, wenn man auch den nächsten oder gar übernächsten Satz gehört hat. Selbst innerhalb eines Satzes darf das sinnstiftende Verb oder Substantiv nicht erst am Schluss eines langen Satzes kommen.

K.-A. Immel, *Regionalnachrichten im Hörfunk,*
DOI 10.1007/978-3-658-04893-8_4, © Springer Fachmedien Wiesbaden 2014

Das Kurzzeitgedächtnis speichert nur wenige Sekunden. Sinnschritte sollten deshalb möglichst nicht durch Einschübe zerrissen werden. Nachrichtensätze sollten in der Regel nicht mehr als 10 bis 12 Wörter enthalten. Sätze aus Agenturmeldungen mit oft mehr als 20 Wörtern sind für Radionachrichten völlig ungeeignet.

Am leichtesten fallen kurze Sätze, wenn man sich bemüht, jeden Aspekt eines Gedankens in einen eigenen Satz zu packen – keine Einschübe, keine Schachtelsätze. Das hilft auch, Informationen nicht zu sehr zu verdichten. Versucht man z. B. durch ein Stakkato von Substantivierungen zu viel Information in zu kurzer Zeit unterzubringen, bleibt beim Hörer kaum etwas hängen. So bedauerlich das grade für Nachrichtenredakteure sein mag: In das Manuskript für einen gut verständlichen Hörfunktext passt deutlich weniger Information als in einen gleich langen Zeitungstext.

Da der Hörer nicht nochmal „nachhören" kann, braucht er zur Orientierung immer wieder Redundanzen. Deshalb müssen vor allem Ereignisorte und die Namen von handelnden Personen in einer längeren Meldung wiederholt werden. Wer zu Beginn einer Meldung den Ort des Geschehens nicht mitbekommen hat, muss im Verlauf der Meldung noch einmal die Chance haben, das Gehörte geografisch einzuordnen. Handelt eine Meldung von einer Person, darf deren Namen nicht nur einmal ganz vorn in der Meldung vorkommen.

Texte werden hörfreundlicher, wenn schon gleich zu Beginn eines Satzes klar wird, in welche Richtung die Aussage zielt. Dazu dienen sog. „Gelenkwörter". Werden z. B. gegensätzliche Meinungen gegenübergestellt, könnte der zweite Satz beginnen: „*Dagegen* sagte …". Auch Wörter wie „deshalb" und „trotzdem", „danach" und „ebenso" können gleich zu Beginn eines Satzes die richtige Denkrichtung vorgeben.

Schon beim Formulieren von Sprechtexten muss der Autor an den späteren Vortrag denken. Aus Satzzeichen werden dann Pausen oder Zäsuren. Zitate, die im Manuskript durch Anführungszeichen kenntlich werden, können zu Tatsachenbehauptungen mutieren, weil die Anführungszeichen beim Hörer nicht ankommen. Aufeinander folgende ähnlich klingende Worte können verwirren, auch wenn sich diese Worte im geschriebenen Manuskript deutlich unterscheiden.

Viele dieser unterschiedlichen Ansprüche an gelesene und gehörte Texte führen zu unterschiedlichen Regeln für gute Spreche und Schreibe. Das ist nicht nur ein Problem für Nachrichtenredakteure, die für die Ohren schreiben müssen. Umgekehrt beeinflusst das auch die optimale Übertragung von Hörfunknachrichten auf das Online-Angebot eines Senders. Oft werden die Manuskripte für regionale Hörfunknachrichten eins zu eins in schriftlicher Form ins Netz gestellt, der fürs Hören geschriebene Text zum Lesen angeboten. Dabei bleiben oft viele visuelle Gestaltungsmöglichkeiten für Printtexte ungenutzt.

Eine einfache Formel, um die Verständlichkeit von Texten zu messen – der Traum vieler Kommunikationswissenschaftler. Man nehme einen Text, zähle Wörter, Satzlängen und Silben, trage die Werte in eine Formel ein und schon weiß man, ob ein Text für Grundschüler verständlich ist, ob man dafür mittlere Reife oder gar einen Hochschulabschluss braucht. „So ein Schwachsinn", werden Sie sagen. Doch Heerscharen öffentlich bestallter Wissenschaftler verdienen genau damit ihr Geld. Mittlerweile gibt es über 200 solcher Formeln. Die meisten wurden für die englische Sprache entwickelt. Einige wurden auf deutsche Texte umgerechnet (deutsche Wörter sind oft länger als englische).

Die berühmteste dieser Formeln wurde schon in den 1940er Jahren aufgestellt – vom gebürtigen Österreicher Rudolf Flesch, der an der Columbia University in New York die Verständlichkeit englischer Texte erforschte: Der Index Flesch-Reading-Ease (FRE). Je höher der Wert, desto verständlicher der Text:

▷ $FRE_{englisch} = 206{,}835 - 1{,}015 \times$ durchschnittliche Satzlänge (Anzahl der Wörter) $- 84{,}6 \times$ durchschnittliche Silbenanzahl je Wort (Flesch 1948)

Danach sind Texte gut verständlich, wenn ihr FRE-Wert bei 60 bis 70 liegt.

1978 passte der Schweizer Toni Amstad in seiner Dissertation an der Uni Zürich diese Formel an deutsche Texte an:

▷ $FRE_{deutsch} = 180 - 1{,}0 \times$ durchschnittliche Satzlänge (Anzahl der Wörter) $- 58{,}5 \times$ durchschnittliche Silbenzahl je Wort (Amstad 1978)

Werte zwischen 0 und 50 signalisieren schwerverständliche Texte. Ein Index von 60 bis 70 bedeutet: Der Text ist für 13–15-jährige Schüler geeignet, sehr leichte Texte mit FRE > 90 verstehen auch 11-jährige Schüler.

K.-A. Immel, *Regionalnachrichten im Hörfunk*,
DOI 10.1007/978-3-658-04893-8_5, © Springer Fachmedien Wiesbaden 2014

Machen Sie ruhig mal einen Test, möglicherweise erleben Sie dann ihr blaues Wunder. Das Kinderlied „Ein Vogel wollte Hochzeit machen" käme wegen des vielsilbigen Wortes „fidaralala" auf einen Wert von 18 (= auch für Akademiker sehr schwer verständlich).

Der folgende Satz wäre dieser Formel zufolge sogar so kompliziert, dass ein negativer(!) FRE herauskäme:

> Die Bundesjustizministerin und FDP-Bundestagsabgeordnete Leutheusser-Schnarrenberger wird dem neuen Parlament nicht mehr angehören, weil ihre Partei bei der Bundestagswahl an der Fünf-Prozent-Hürde gescheitert ist.

Nun könnte man diese Meldung um einen Satz erweitern:

> Wie die Bundestagsverwaltung mitteilte, wird Leutheusser-Schnarrenberger ihre Diensträume behalten, bis ein Nachfolger vereidigt ist.

Die Verständlichkeit der Meldung würde damit auf einen immer noch absurden Index-Wert von + 1 steigen.

Einen weiteren Index liefert zum Beispiel die Wiener Sachtextformel (WSTF):

> ▶ WSTF = 0,1935 × Prozentanteil der Wörter mit mindestens drei Silben + 0,1672 × Satzlänge + 0,1297 × Prozentanteil der Wörter mit mindestens sieben Buchstaben – 0,0327 × Prozentanteil der einsilbigen Wörter – 0,875 (Bamberger und Vanecek 1984)

Diese Formel ist so gestaltet, dass sich in der Regel Verständlichkeitswerte zwischen 4 und 15 ergeben – je niedriger, desto verständlicher.

Wie gesagt, es gibt über 200 solcher Formeln. Sind sie wirklich alle nur unsinnige, sozusagen pseudowissenschaftliche Zahlenspielereien? Gerechterweise muss erwähnt werden, dass parallel zur Entwicklung der Formeln die untersuchten Texte auch Probanden vorgelegt wurden. Die Ergebnisse klassischer Verständnistests wurden dann mit den Formelergebnissen verglichen und die Formeln „angepasst". Dennoch ist der praktische Nutzen solcher Formeln – höflich ausgedrückt – sehr begrenzt. Das gilt auch für Untersuchungen, die zusätzlich inhaltliche Aspekte einbeziehen und damit auch subjektive Faktoren berücksichtigen (z. B. das „Hamburger Modell" einer Forschergruppe um Inghard Langer et al. (1974) oder das Modell von Groeben (1972) und Christmann und Groeben (1999)). Solche Ergebnisse lassen sich dann freilich nicht mehr in einfache Formeln gießen.

Dazu kommt, dass diese Untersuchungen als Lesetests angelegt sind. Das Hörverständnis hängt noch von vielen weiteren Faktoren ab. Da kommen Sprechgeschwindigkeit und Artikulation, Pausensetzung und Sprechdynamik hinzu. Zudem spielen u. a. Wortanfänge oder die akustische Verwechselbarkeit ähnlich klingender Worte eine Rolle. Kurz: um die Verständlichkeit gesprochener Texte zu bewerten, taugen einfache Formeln nicht.

Literatur

Amstad, Toni. 1978. Wie verständlich sind unsere Zeitungen? Diss., Universität Zürich.

Bamberger, Richard, und Eric Vanecek. 1984. *Lesen-Verstehen-Lernen-Schreiben. Die Schwierigkeitsstufen von Texten in deutscher Sprache.* Wien: Jugend und Volk Verlagsgesellschaft.

Christmann, Ursula, und Norbert Groeben. 1999. Psychologie des Lesens. In *Handbuch Lesen*, Hrsg. Bodo Franzmann, Klaus Hasemann, Dietrich Löffler, und Erich Schön, 145–223. München: Schneider Hohengehren.

Flesch, Rudolf. 1948. A new readability yardstick. *Journal of Applied Psychology* 32 (3): 221–233.

Groeben, Norbert. 1972. Die Verständlichkeit von Unterrichtstexten. Dimensionen und Kriterien rezeptiver Lernstadien. Diss., Universität Münster.

Langer, Inghard, Friedemann Schulz von Thun und Reinhard Tausch. 1974. *Verständlichkeit in Schule, Verwaltung, Politik und Wissenschaft.* München: E. Reinhardt.

Manuskript und Präsentation

Radionachrichten werden ausschließlich über die Ohren aufgenommen, deshalb müssen sie nicht nur möglichst sprechsprachlich formuliert sein sondern auch hörerfreundlich präsentiert werden.

6.1 Natürlich und verständlich präsentieren

Vorlesen verführt immer dazu, schneller zu sprechen als in der freien Rede. Dessen sollte sich der Sprecher oder Redakteur am Mikrofon bewusst sein. Grade bei abgelesenen Texten ist deshalb besonders wichtig, auf ein angemessenes Tempo, gute Artikulation und lebendige Sprechdynamik zu achten.

Je nach Zielgruppe wird ein Sprecher auf die besonderen Bedürfnisse seiner Hörer achten. Regionalnachrichten für ein älteres Publikum werden wahrscheinlich weniger schnell vorgetragen als die Nachrichten in einem Jugendprogramm. Für beide gilt aber: kürzere und längere Pausen an der richtigen Stelle erleichtern das Verstehen. In einem guten Manuskript verlangen Satzzeichen und Absätze beim Sprechen oft eine Zäsur. Vor Kommas und Punkten muss der Sprecher zudem entscheiden, ob er mit der Stimme „oben" bleibt (wenn ein Sinnschritt noch weitergeht) oder die Stimme senkt (zum Abschluss einer Sinneinheit).

Natürlich müssen alle Silben verständlich ausgesprochen werden. Vernuschelte oder verschliffene Silben und Wortenden dürfen nicht sein. Andererseits wirkt die Sprache künstlich und distanziert, wenn der Sprecher „über-artikuliert". Jeder Sprecher muss sich deshalb um eine möglichst natürliche Sprechhaltung bemühen.

Das gilt auch für die Sprechdynamik. Werden keine Betonungen gesetzt und das Sprechtempo nicht variiert, wirken gesprochene Texte monoton, uninteressant, heruntergeleiert. Das ist gerade bei nachrichtlichen Texten verheerend. Eher nebensächliche Einzelheiten und Ergänzungen können bewusst rascher vorgetragen werden als wichtige sinnstiftende Wörter und Satzpassagen. Tempowechsel und

K.-A. Immel, *Regionalnachrichten im Hörfunk*,
DOI 10.1007/978-3-658-04893-8_6, © Springer Fachmedien Wiesbaden 2014

sogar leichte Variationen in der Lautstärke können helfen, Spannung aufzubauen und Interesse zu wecken.

So überraschend das vielleicht klingt: manchmal hilft es, am Mikrofon „mit Händen und Füßen" zu sprechen. Die Gestik und Mimik übertragen sich auf die Stimme und sorgen fast automatisch für eine dynamischere Spreche, die auch der Hörer deutlich wahrnimmt.

Zu guter Letzt: Professionalität muss sein, Perfektion kann aber schaden. Wenn kein Atmen mehr zu hören ist, kein Blatt raschelt, immer wiederkehrende Satzmelodien und gleich lange Pausen fehlerlos zelebriert werden, kann Perfektion leicht in Sterilität umschlagen. Der Hörer darf ruhig merken, dass da ein Mensch am Mikrofon sitzt, der die Meldungen nicht auswendig rezitiert sondern ein Manuskript vor sich hat.

6.2   Das Manuskript gestalten

Je besser und übersichtlicher das Manuskript, desto leichter fällt eine gute Präsentation. Ein paar Regeln haben sich bewährt:

- Jede Meldung auf ein eigenes Blatt, niemals die Rückseite bedrucken!
- Ausreichend große Schrift: 14-Punkt ist am Mikrofon angenehm zu lesen. Im Durchschnitt ergeben sich dann 60 Zeichen pro Zeile (auf Din A4). Anderthalb- oder zweizeilige Texte lassen Platz für Betonungszeichen und Korrekturen.
- Eine Minute Sendezeit entspricht etwa 13 bis 15 Zeilen (à 60 Zeichen).
- Kein Blocksatz und keine Silbentrennung
- Neue Inhalte durch neue Absätze kenntlich machen
- Zitate auch optisch hervorheben, das erleichtert eine veränderte Sprechhaltung
- Bindestriche bei längeren zusammengesetzten Wörtern
- Zahlen bis zwölf ausschreiben („neun" statt „9"). Sehr große Zahlen ausformulieren („sieben Milliarden Menschen" statt „7.000.000.000 Menschen").
- Bei komplizierten oder fremden Wörtern Aussprachehilfen notieren
- Wichtige Betonungen im Text markieren (v. a. auch bei Gegenüberstellungen)
- Sprechtempo markieren (z. B. unterpunkten, was rascher weggesprochen werden soll)
- Haken setzen, wo die Stimme oben bleiben bzw. abgesenkt werden soll.

Natürlich wird jeder Sprecher seine eigene Zeichensetzung finden. Wichtig ist nur, dass das Manuskript alle notwendigen Hilfestellungen gibt, den Text verständlich und lebendig vorzutragen.

Regionalnachrichten sollen das Wichtigste aus der Region melden – aus Politik und Wirtschaft, Sport und Kultur, aus Polizeiberichten, von Veranstaltungen usw. Im Prinzip gelten ähnliche Kriterien wie für die Weltnachrichten: Die Meldungen müssen aktuell und für die Hörer relevant sein. Leider gibt es in den Regionalnachrichten auch ähnliche Fehlentwicklungen wie dort: Zu oft wird aus Politikeräußerungen oder PR-Mitteilungen eine Meldung fabriziert, die keinen Informations- oder Nutzwert, oft sogar nicht einmal Unterhaltungswert hat.

In den Weltnachrichten wächst der Anteil von Katastrophen- und Skandalmeldungen, „Personality" wird wichtiger, Sachzusammenhänge werden in manchen Redaktionen immer oberflächlicher abgehandelt. Ähnlich entwickeln sich viele Regionalnachrichten. Die meisten Programme beziehen einen großen Teil ihrer Meldungen aus dem Polizeibericht. Die Nachrichten sind voll von Unfällen, Mord und Totschlag, Einbrüchen, Bränden und anderen „Blaulichtmeldungen". Natürlich sind Unfälle und Verbrechen klassische Nachrichtenthemen, dennoch ist die Frage erlaubt: „Was haben die Hörer davon?"

Die Entscheidung des Gemeinderats eine Umgehungsstraße zu bauen, wird die Hörer nachhaltiger betreffen als die Meldung über einen tödlichen Verkehrsunfall. Dennoch wird der Unfall eher zum Aufmacher, also zur ersten Meldung. Auch wenn es zynisch klingt: Unfallmeldungen sind offenbar unterhaltsamer oder „gesprächswertiger", wie es im Jargon heißt. Je weiter ein Programm die „Boulevardisierung" seiner Regionalnachrichten vorantreibt, desto größer wird der Anteil solcher Meldungen werden.

Schon heute bestehen die Nachrichten vieler Regionalprogramme zu rund einem Drittel aus „Blaulichtmeldungen". Betrachtet man gesondert nur die Aufmachermeldungen, dann liegt dieser Anteil sogar noch höher. Ein weiteres Drittel aller Meldungen stammt in der Regel aus den Bereichen Politik, Wirtschaft und Soziales. Für alles andere (von Kultur, Bildung und Kirche über Verkehr, Ökologie und Landwirtschaft bis hin zu Buntem, Sport und Servicethemen) bleibt zusammen

K.-A. Immel, *Regionalnachrichten im Hörfunk*,
DOI 10.1007/978-3-658-04893-8_7, © Springer Fachmedien Wiesbaden 2014

ebenfalls etwa ein Drittel. Auffallend selten werden Meldungen aus diesem letzten Themendrittel für so wichtig gehalten, dass sie zum Aufmacher avancieren.

Eine besondere Rolle in den Regionalnachrichten spielen Service-Meldungen. Außer Wetter und Verkehr gehören dazu auch Veranstaltungshinweise oder Interessantes für Verbraucher, Hinweise zu Änderungen bei der Müllabfuhr oder neue Öffnungszeiten des Hallenbades. Hier ist Vorsicht bei geschäftlichen Mitteilungen geboten. Sonderangebote oder Räumungsverkäufe gehören in die Werbung, nicht in die Nachrichten.

7.1 Welche Themen gehören in die Regionalnachrichten?

Regionalnachrichten können – anders als die Weltnachrichten – nur selten aus dem Vollen schöpfen. Deshalb darf die Messlatte für die Wichtigkeit einer Meldung nicht zu hoch gelegt werden. Dafür bieten sich im Regionalen oft auch Meldungen an, die Service-Charakter oder einen gewissen Unterhaltungs- bzw. Gesprächswert haben.

▶   Meldungen müssen wichtig und/oder unterhaltsam sein

Meldungen sollten einen Nutzen für die Hörer beinhalten (und wenn die Meldung nur ein Thema für den nächsten Stammtisch hergibt). Das trifft auf folgende Meldung nicht zu:

> *Saldorf:* In Saldorf wird heute und morgen eine Dienstbesprechung über die Feuerwehren im Land abgehalten. Im Mittelpunkt der Gespräche stehen die Finanzierung und die strukturelle Umgestaltung …

Mit dieser Meldung hätte man besser gewartet, bis erste Ergebnisse der Dienstbesprechung vorlagen. Allein die Tatsache, dass sich Staatsbedienstete treffen, um über ein Thema zu reden, ist weder wichtig noch unterhaltsam.

▶   Meldungen müssen aktuell sein

Ereignisse, die schon eine Weile zurückliegen, eignen sich für Meldungen nur, wenn ein aktueller Aspekt in den Mittelpunkt gerückt wird. Solche Meldungen dürfen nicht durch Zeitangaben (*„schon gestern", „bereits letzte Woche"* o. ä.) schon im ersten Satz künstlich alt gemacht werden:

> *Rotburg:* Bereits in der vergangenen Woche ist in Rotburg … Die Polizei fahndet jetzt bundesweit nach …

Besser wäre gewesen: „Die Polizei fahndet bundesweit nach … Wie erst heute bekannt wurde, hat der Täter bereits in der vergangenen Woche in Rotburg …"

Ein Sonderfall sind die Frühnachrichten. Meldungen vom Vorabend können in der Frühstrecke durchaus noch mal laufen, selbst wenn sie schon in der lokalen Zeitung stehen (oft genug werden in der Frühstrecke sogar ganze Meldungen aus den Zeitungsartikeln des Morgens formuliert).

▶   Nicht jede lokale Meldung ist regional interessant

Meldungen, die in einem bestimmten Dorf interessant sind, können schon im Nachbarort niemanden mehr interessieren. Ein Beispiel:

Unterstadt: Mit einem Baggerbiss um 11 Uhr 30 ist in Unterstadt vor wenigen Minuten eine neue Baugrube aufgerissen worden. Das Tiefbauamt will damit an der Kreisstraße 1206 eine unzureichende Straßenunterführung ausbauen und gleichzeitig den Fußgängerüberweg sicherer machen …

Die Einrichtung einer lokalen Baustelle wird auch nicht dadurch spannender, dass die Meldung offenbar brandaktuell ist. Interessant wäre diese Meldung nur, wenn die Baustelle zu Behinderungen im überörtlichen Verkehr führen würde, das müsste dann aber gleich zu Beginn gesagt werden. Zudem fängt ein Hörer mit der Bezeichnung „Kreisstraße 1206" wahrscheinlich nichts an.

Lokale Ereignisse sind dann interessant, wenn sie überörtliche Auswirkungen haben oder wenn sie beispielhaft ein Problem betreffen, das es auch andernorts gibt. Außerdem können lokale Vorfälle natürlich auch so originell oder außergewöhnlich sein, dass die Meldung völlig unabhängig vom Ort interessant ist.

▶   „Nullmeldungen" und Verlautbarungen raus!

Viele Pressemitteilungen von Behörden, Verbänden, Vereinen etc. sind schrecklich langweilig. Oft dienen sie auch nur dem Versuch, die Organisation oder deren Vorstände bzw. Amtsleiter mal wieder in die Medien zu bringen.

Nachrichtenredakteure haben keine bloße Chronistenpflicht. Wenn ein noch so wichtiger Mensch etwas völlig Unwichtiges sagt, gehört das nicht in die Nachrichten – das haben übrigens die Regional- und die Weltnachrichten gemeinsam. Verdächtige Vokabeln sind z. B.:

„… hat erneut bekräftigt …", „… will festhalten an …", „… begrüßt …", „… will weiterhin …"

Oft werden Meldungen künstlich aufgeblasen. Sinnvolle Meldungen (im folgenden Fall: Die Entscheidung, zwei Kliniken zusammenzulegen) werden so am Ende
noch durch banale Verlautbarungen verhunzt:

> … Mit dem künftigen Gemeinschaftsklinikum soll die bedarfsgerechte und ortsnahe
> stationäre Akutversorgung in der Region maßgeblich gestärkt werden.

So ein Schlusssatz kann einer eigentlich gelungenen Meldung noch den Touch von
Verlautbarung geben – schade drum.

▸   **Vorsicht bei Jubiläen, Einweihungen, Gedenkfeiern u.ä.**

Geburts- und Jahrestage können durchaus Anlass für Meldungen sein. Auch Gedenkfeiern, Einweihungen, Eröffnungen etc. sind manchmal für einen größeren
Hörerkreis interessant. Vorsicht aber, wenn Firmen ein neues Geschäft eröffnen,
Betriebsjubiläen feiern oder langjährige Mitarbeiter auszeichnen. Oft dient ein solches „Ereignis" gar zu offensichtlich nur werblichen Interessen:

> *Hochheide:* Das Reisebüro Müller in Hochheide feiert heute sein 50-jähriges Bestehen.
> Das Unternehmen wurde am 1. Juli 1964 von Emil Müller gegründet und hatte seinen
> Sitz zunächst im im Wiederaufbau begriffenen Kaufhaus Beinhart. Heute beschäftigt
> das Unternehmen 25 Mitarbeiter. Das Büro wird seit 1990 vom Sohn des Firmen-
> gründers, Peter Müller, geleitet.

Diese Meldung gehört nicht in die Nachrichten, auch wenn das betreffende Reise-
büro das größte der Stadt sein sollte. (Unglücklich ist auch die Formulierung *„hatte
seinen Sitz im im …"*. (Vgl. *Möglichst nicht zwei Präpositionen oder Zeitangaben
hintereinander*)

▸   **Vorberichte nur dann, wenn mutmaßlich auch ein „Nach"bericht folgen
     wird**

Vorberichte sind sinnvoll, wenn ein Ereignis bevorsteht, über das auch später noch
ausführlich berichtet wird. Parteitage, Sportereignisse, Prozesse, Wahlen, Politiker-
besuche etc. sind dafür typische Beispiele. Selten sind Expertentagungen, Bilanzpressekonferenzen u.ä. geeignet. Folgende Meldung ist bestenfalls für eine kleine
Gruppe Eingeweihter interessant:

> *Hochberg:* Rund 90 Führungskräfte aus den Landkreisverwaltungen im ganzen Land
> treffen sich heute zu ihrer Jahrestagung auf dem Hochberg. Sie diskutieren über

Chancen und Perspektiven der Verwaltungsreform sowie über die Förderung bürgerschaftlichen Engagements. Die Tagung dient als Fortbildung und wird von Sozialministerium und Landkreistag ausgerichtet.

Das mag für ein paar Verwaltungsangestellte interessant sein, die auf diese Weise erfahren, wo sich ihre Vorgesetzten herumtreiben. Die meisten Hörer werden bei dieser Meldung aber gedanklich abschalten.

▷ **Keine Banalitäten!**

An manchen Tagen ist nicht viel los. Dann müssen Regionalnachrichten besonders hart erarbeitet werden. Auf keinen Fall sollte man eine Sendung mit Banalitäten auffüllen, nur um auf eine bestimmte Soll-Sendezeit zu kommen (z. B. bis hart ran ans Ende eines Backtimers, also eines Musikbetts, das den auseinandergeschalteten Regionalprogrammen ermöglicht, nach den Regionalnachrichten wieder zusammen kommen und gemeinsam weiter senden).

Auf jeden Fall haben Polizeiberichte über Unfälle vom Vortag nichts mehr in den aktuellen Nachrichten zu suchen (wenn es nicht eine tagesaktuelle Fortschreibung gibt):

Honach: Nach dem Zusammenstoß zweier Lastwagen gestern Nachmittag auf der A 28 bei … musste die Autobahn über eine Stunde lang voll gesperrt werden. Verletzt wurde … niemand. Durch den Aufprall … Sachschaden … Rückstaus.

Diese Meldung interessiert fast einen ganzen Tag nach dem Ereignis kaum noch jemanden.

▷ **Den regionalen Bezug schaffen**

Oft werden überregionale Meldungen auf die Region „herunter gebrochen". Was sagen die örtlichen Kaufleute zum drohenden Streik im Einzelhandel? Was bedeutet die Streichung von Straßenbaumitteln für die marode Bundesstraße im Sendegebiet? Wie reagieren die Bauern in der Region auf die Diskussion um eine Kürzung der Agrarsubventionen? Wie profitiert ein örtliches Projekt von zugesagten Fördermitteln des Bundes? Was sagen Schulen oder Elternschaft der Region zu angekündigten Schulreformen? Auch wenn ein Nationalspieler aus der Region ein entscheidendes Länderspieltor schießt oder gar einen internationalen Titel erringt, gehört das in die Regionalnachrichten.

Es ist allerdings nicht hilfreich, wenn ein fernes Ereignis einfach „ins Sendegebiet verlegt" wird, nur weil eine Regionalgröße bei diesem Ereignis eine Rolle gespielt hat (vgl. *Die Spitzmarke nicht zwanghaft in die Region verlegen*):

> *Aburg:* Die deutschen Hockeyjunioren sind Weltmeister. Im Finale besiegten sie Frankreich mit 5 zu 2. Drei der fünf deutschen Tore steuerte Nik Welte vom Aburger HC bei. … Welte wurde nach dem Spiel zum besten Spieler des Matches gewählt.

Besser wäre wohl gewesen: *Neu Delhi:* „Nik Welte vom Aburger HC hat die deutschen Hockeyjunioren zum Weltmeistertitel geführt. Beim 5 zu 2 gegen Frankreich schoss er drei Tore. …" Der regionale Bezug wird im Leadsatz hergestellt. Die Spitzmarke „Aburg" ist dagegen irreführend, wenn das Ereignis in Indien stattgefunden hat.

Beliebt aber journalistisch sehr fragwürdig sind Straßenumfragen zu aktuellen Themen. Zum Abschluss der Koalitionsverhandlungen Ende 2013 schickte ein Sender einen Reporter los, der Passanten befragte: „Was halten Sie vom Koalitionsvertrag der künftigen Regierungsparteien?" Der Reporter hatte Glück und fing ganz unterschiedliche Meinungen ein. In den Regionalnachrichten wurde daraus:

> *Ochsburg:* Der Abschluss der Koalitionsverhandlungen hat in der Region ganz unterschiedliche Reaktionen ausgelöst. (Es folgt eine Collage diverser Passantenaussagen)

Natürlich lässt sich durch so eine Frage ein „regionaler Bezug" zum fernen Berlin herstellen. Doch selbst wenn ganz unterschiedliche Reaktionen zusammengetragen wurden, gehört so eine Umfrage nicht in die Nachrichten. Diese Meldung enthält schlicht keine Nachricht, sondern nur ein Sammelsurium mehr oder weniger origineller Meinungen – und zwar sicher nicht repräsentativ.

Solche Straßenumfragen sind selbst dann für die Regionalnachrichten ungeeignet, wenn ein überregionales Thema tatsächlich auf die Region bezogen wird. Wenn in Deutschland z. B. über die Aufnahme von mehr Flüchtlingen diskutiert wird, ist der Streit über die mögliche Einrichtung einer Aufnahmestelle in der Region natürlich spannend. Aussagen wichtiger Entscheidungsträger dazu gehören in die Nachrichten, nicht aber eine einfache Straßenumfrage. Sie kann als Stimmungsbild für den Einstieg in einen Magazinbeitrag taugen – in den Nachrichten hat sie aber nichts verloren.

▶   Meldungen nicht zwanghaft geografisch streuen

Oft wird versucht, Meldungen so zusammenzustellen, dass in der Sendung möglichst alle Regionen eines Sendegebiets vorkommen. Das mag unter Marketing-
Gesichtspunkte sinnvoll sein („name-dropping"). Die geografische Streuung ist
aber kein journalistisches Kriterium. Es ist unsinnig, eine unwichtige Meldung zu
senden, nur damit ein bestimmter Ort in den Nachrichten vorkommt. Lieber regional unausgewogen als journalistisch fragwürdig. Wenn eine Region allerdings
über längere Zeit hinweg nicht in den Nachrichten vorkommt, sollten die Gründe
dafür erforscht werden.

Schwierig wird es, wenn die ganze Programm- und Honorarstruktur auf geografischem Proporz aufgebaut ist. Was passiert, wenn z. B. die Frühschicht eines
Regionalstudios nicht für den Dienst sondern nur für die abgelieferten Meldungen und Korrespondentenberichte bezahlt wird? Dann muss die Zentrale für die
Landesnachrichten je eine Meldung oder einen Bericht aus jedem Regionalstudio
senden – sonst kommen die Kollegen dort finanziell nicht über die Runden. Aus
journalistischer Sicht sind solche Strukturen kritisch zu bewerten.

7.2 Quellen und Eigenrecherche

Nicht alles, was Agenturen melden oder Presseabteilungen anbieten, kann einfach
in die Nachrichten übernommen werden. Oft muss recherchiert oder ein regionaler Bezug hergestellt werden. Prinzipiell gilt: Seriosität geht vor Tempo – „gut
recherchiert" ist wichtiger als „schnell in der Sendung".

▶   Berichte aus dem eigenen Haus nutzen

In den Magazinsendungen des eigenen Senders laufen oft Beiträge, die auch eine
Meldung hergeben würden. Häufig erfahren die Nachrichtenredaktionen nichts von
diesen Beiträgen. Auch aus Interviews in Magazinbeiträgen lassen sich manchmal
brauchbare O-Töne für die Nachrichten herausschneiden. Das setzt allerdings ebenfalls voraus, dass die Nachrichtenredaktion von der Existenz solcher O-Töne weiß.

Noch schlimmer: Ein Reporter bietet einen Korrespondentenbericht an und
wird abgewiesen, weil die Agenturen zu diesem Thema noch nichts oder etwas
anderes berichten. Da geht es regionalen Reportern ähnlich wie Auslandskorrespondenten. Die beklagen sich, dass sie mit ihren Beiträgen in den „großen" Nachrichten- und Magazinredaktionen erst dann landen, wenn die Agenturen berichtet
haben. In den Radionachrichten muss sich vielerorts noch die Grundregel durchsetzen: Die eigenen Reporterinnen und Reporter sind mindestens so glaubwürdig
wie Agenturen, Online-Dienste oder Zeitungskollegen.

▶   Pressemitteilungen – erst verstehen, dann melden

Eine Agenturmeldung oder Presseerklärung kann noch so wichtig klingen – wenn
sich ihr Sinn nicht zweifelsfrei klären lässt (z. B. weil sie zu bürokratisch verklau-
suliert ist oder doppeldeutige Formulierungen enthält), muss die Meldung unterbleiben bis weitere Recherchen die Unklarheiten beseitigt haben. Nachträgliche
Entschuldigungen („so stand es doch im Pressetext") überzeugen keinen Kritiker.

Die Hörer haben auch nichts davon, wenn man ihnen Fachbegriffe an den Kopf
wirft und diese nicht erläutert, so dass die ganze Meldung nicht mehr verständlich
ist. Ein Beispiel:

> … Seit heute können Asylbewerber in zwei Gemeinden des Landkreises ihre Lebens-
> mittel über ein Kontenblattsystem beziehen. In den kommenden Monaten soll das
> System im gesamten Landkreis angewendet werden.

Was fangen Hörer mit dieser Meldung an, die sich unter „Kontenblattsystem"
nichts vorstellen können? Oder sollte etwa auch der Redakteur nicht genau gewusst
haben, was das ist?

Besonders schwer fallen oft Meldungen aus den Bereichen Wirtschaft und
Justiz. Viele Redakteure können mit „Bilanzsumme" oder „Eigenkapitalquote"
nicht viel anfangen, halten „Umsatz", „Ergebnis" und „Gewinn" nicht auseinander
oder kennen den Unterschied zwischen „verhaften" und „festnehmen" nicht. (vgl.
Fremdwörter, Fachbegriffe und Abkürzungen müssen erklärt werden)

In solchen Fällen sollten sich Nachrichtenredakteure Rat in der jeweiligen Fach-
redaktion zu holen.

Viele Pressemitteilungen sind nicht nur inhaltlich sondern auch sprachlich
nicht geeignet, in die Nachrichten übernommen zu werden. Wortungetüme und
Metaphern, verquaste Sätze und Substantivierungen dürfen nicht einfach kopiert
und eingefügt werden – „copy and paste" ist zwar weit verbreitet, aber selbst großer
Zeitdruck rechtfertigt nicht, den Hörern unverständliche Wortsalate zu servieren.

▶   Die Lokalzeitung als Quelle nutzen

Die meisten Regionalnachrichten-Redaktionen haben die Dienstpläne so organi-
siert, dass der Abenddienst schon Meldungen und Beiträge für den nächsten Morgen vorbereitet. Dennoch ist das Angebot am frühen Morgen meist dünn. Eine
wichtige Quelle sind dann die Berichte der regionalen Zeitung(en). Diese Zeitungen sollten ruhig ausgeschlachtet werden. Keine Angst, wenn sich in einer Sendung

zwei Meldungen auf eine Zeitung als Quelle beziehen. Wenig souverän ist das Argument „die ignorieren uns, also melden wir auch nichts von denen".

Werden Meldungen aus der Zeitung entnommen, muss die Quelle genannt werden. Nachrichten aus der Zeitung müssen schnellstmöglich nachrecherchiert werden. Das ist in den meisten Fällen bis zur 8.30 Uhr-Sendung möglich. Dann kann die Zeitung als Quellenangabe entfallen.

▷   Eine Ansprechpartner-Datei pflegen

Viele Pressemitteilungen sind so geschrieben, dass Nachfragen nötig sind – oft nicht beim Absender, sondern bei einem übergeordneten Verband, bei Ämtern oder bei Konkurrenzunternehmen, anderen Parteien usw.. Klärende Telefonate unterbleiben zuweilen, weil der Redakteur keine geeigneten Gesprächspartner kennt. Längst nicht immer hilft eine spontane Recherche im Internet. In jeder Nachrichtenredaktion sollte deshalb eine regelmäßig aktualisierte Telefon- und Maildatei geführt werden. Persönliche Dateien, die oft eifersüchtig vor dem Zugriff von Kollegen geschützt werden, sind nur die zweitbeste Lösung!

Eine Drei-Minuten-Sendung enthält bis zu fünf oder gar sechs Meldungen. Diese sollten sinnvoll sortiert werden.

8.1 Die Aufmachermeldung

Bei den Regionalnachrichten gilt – wie bei den Weltnachrichten – die wichtigste Meldung kommt zuerst. Das Thema kann über mehrere Stunden hinweg dasselbe sein. Die Aufmachermeldung sollte dann allerdings immer wieder fortgeschrieben und aktualisiert werden.

Die Spitzenmeldung ist in der Regel so wichtig, dass sie eine Stunde später zumindest weiter hinten noch mal vorkommt. Fällt eine Topmeldung in der nächsten Sendung ganz raus, war etwas faul. Umgekehrt sollte eine Meldung, die an zweiter oder dritter Stelle gelaufen ist, nicht **unverändert** in der nächsten Stunde zum Aufmacher werden.

Eine vergleichsweise unwichtige Meldung hat an der ersten Stelle nichts zu suchen – und wenn sie noch so neu ist. Das gilt auch für bunte Meldungen, wenn danach noch wichtige Meldungen folgen. Nach der folgenden Aufmachermeldung kam ein Verkehrsunfall mit zwei Toten:

> *Kahm am See:* Die schwarzbunte Kuh Amarena ist die neue „Miss Seewald". Die Fachjury begründete bei der Verbandstierschau die Wahl mit dem guten Gesamteindruck, dem Knochenbau und der Qualität des Euters. Die dreijährige Schwarzbunte hat ...

Bei allem Verständnis für das Bemühen um „unterhaltsame" Nachrichten – da hätte der Redakteur seine Begeisterung für Rindviecher zügeln müssen.

K.-A. Immel, *Regionalnachrichten im Hörfunk,*
DOI 10.1007/978-3-658-04893-8_8, © Springer Fachmedien Wiesbaden 2014

8.2   Ordnung muss sein

Meldungen sollten nach Wichtigkeit und gegebenenfalls nach Sachbereichen sortiert werden. Das Wichtigste wird zu Beginn gemeldet. Unfälle, Sportmeldungen, Wirtschafts- und Politikmeldungen sollten nicht wild durcheinander angeordnet werden.

8.3   Wiederholungen, Aktualisierungen

Meldungen können durchaus mehrmals unverändert in aufeinander folgenden Sendungen auftauchen. Es ist besser, gut gelungene Formulierungen beizubehalten, als krampfhaft zu versuchen Meldungen umzuschreiben (und damit womöglich zu „verschlimmbessern"). Besonders auffällige Formulierungen prägen sich bei den Hörern allerdings besonders gut ein und werden sofort als Wiederholung erkannt. Auch deshalb sollte die Nachrichtensprache nüchtern sein und ohne auffällige Schnörkel auskommen.

Meldungen vom Vorabend können oft auch am nächsten Morgen noch laufen (viele neue Hörer!). Formulierungen wie „am Abend" müssen am nächsten Tag allerdings in „gestern Abend" abgeändert werden. Meldungen vom Mittag oder frühen Nachmittag des Vortages werden morgens normalerweise aber nicht nochmal gesendet.

Nicht sinnvoll ist es, eine komplette Sendung eine Stunde später einfach zu wiederholen. Das klingt bestenfalls langweilig. Schlimmstenfalls fragen sich die Hörer, ob die Redaktion eine Stunde lang Däumchen gedreht hat. In manchen Programmen laufen um 6.30 Uhr und 7.30 Uhr fast identische Sendungen. Dafür wird für 8.30 Uhr und 9.30 Uhr alles neu formuliert. Auch das ist nicht sinnvoll.

Meldungen können auch mal zwischendurch raus fallen. Oft passiert in der Region mehr als in drei Minuten Nachrichten passt. Dann muss eine noch aktuelle aber schon gesendete Meldung einer anderen aktuellen Meldung weichen. Das heißt nicht, dass die raus gefallene Meldung „verbrannt" ist. Sie kann durchaus in einer späteren Sendung wieder auftauchen (solange sie inhaltlich noch aktuell ist).

Der Forderung nach möglichst vielen Kurzberichten (KB) und O-Tönen steht manchmal die haushaltsbedingte Beschränkung auf wenige bezahlte KBs pro Tag entgegen. Das führt zuweilen zu journalistisch fragwürdigen Konsequenzen. Dann bleiben aktuelle Meldungen liegen, die in Form eines KB vorliegen – bloß um die bezahlten Beiträge möglichst gleichmäßig über den Tag zu verteilen. Das darf nicht sein. Das Radio ist das schnellste Massenmedium (Internet und Social Media ausgenommen). Wir sollten diesen Vorteil nicht freiwillig aufgeben. Noch schlim-

06:30-17:30 Uhr	Thema:	06:30	07:30	08:30	09:30	10:30	11:30	12:30	13:30	14:30	15:30	16:30	17:30
1	SPD-Regionalkonferenz in Rübfeld	1 KB	1 KB	1									
2	Trotz Streikwarnung fahren Züge der Bergischen Landesbahn	2	2										
2a	Keine Zugausfälle bei der BLB											3	3
3	Neuer Tarifabschluss in Vita-Kliniken	3											
4	Deutsche Eishockeyfrauen gewinnen Länderspiel in Mosdorf gegen Lettland	4	4										
5	Slowfood-Messe wird eröffnet		3	3									
6	Frühlingsaktion: Schatzsuche am Stausee			2 KB	2 KB								
7	Bundesverdienstkreuz für Rainer Rabhorst			4	3								
8	Stiftungsvermögen der Volksbank verzehnfacht				1 OT								
8a	Neue Projekte der Volksbankstiftung						2 KB	2 KB					
9	Werftenkooperation soll sparen helfen						1	1	3				
10	Schnellfähre beendet Halbpreis-Aktion						3	3					
11	Virtueller Stadtrundgang vorgestellt						4	4					
12	Computerprogramm gegen Zugverspätungen								4 KB	3 KB			
13	LKW-Unfall								1				
13a	Bundesstraße nach LKW-Unfall gesperrt									1 KB	1 KB		
14	Jugendliche misshandeln 13-jährigen								2				
14a	Misshandlung: Schulleiter zu Konsequenzen									2 OT	4 OT		
15	Hangau Tourismus eröffnet Saison mit Prospektbörse										2	3	
16	Heuberg Bahntechnik gründet neue Firma										3	4	
17	Hochwertige Brille erbeutet										5	5	
18	Einkaufsführer fürs Handy vorgestellt										2 KB	4 KB	4 KB
19	Motorradfahrer tödlich verunglückt										1	1	2
20	SEK nimmt Erpresser fest											2	1 KB
22	VfL-Handballfrauen in Abstiegsgefahr											5	5

Abb. 8.1 Beispiel zur Themenauswahl eines Regionalnachrichtentages

mer ist, einen schon am Abend vorliegenden aktuellen Beitrag auf den nächsten Morgen zu verschieben (und damit den Vorsprung gegenüber der lokalen Zeitung gänzlich zu verspielen).

Die Nachrichtenauswahl im Laufe eines Tages ist immer eine Gratwanderung: setzt man hohe Schwellen für Meldungen (hoher Nachrichtenwert), dann werden viele potentielle Meldungen nicht gesendet und andere dafür mehrfach wiederholt. Will man aber viele verschiedene Meldungen (und damit Abwechslung), muss die Schwelle gesenkt werden. Redaktionen bzw. Studios gehen mit dieser Abwägung sehr unterschiedlich um. Programme, die täglich 10 Stunden lang einmal pro Stunde Regionalnachrichten senden, kommen auf durchschnittlich 18 verschiedene Meldungen am Tag. Dabei liegen die Extreme bei 11 bzw. 25 Meldungen.

Die Dramaturgie eines Regionalnachrichtentages lässt sich als Treppe darstellen. Wenn ein Programm beispielsweise von 6:30 Uhr bis 17:30 Uhr immer zur halben Stunde Regionalnachrichten sendet, dann könnte die Themenauswahl wie in Tabelle 8.1 aussehen. Die Ziffern unter der jeweiligen Uhrzeit geben die Platzierung der Meldung an (1 = Aufmacher, 2 = 2. Meldung etc., KB bzw. OT bedeutet: mit Korrespondentenbericht bzw. mit O-Ton) (siehe Abb. 8.1).

06:30-17:30 Uhr		06:30	07:30	08:30	09:30	10:30	11:30	12:30	13:30	14:30	15:30	16:30	17:30
	Thema:												
1	Autofahrer tödlich verletzt	1	1	2	3								
2	Dieseldiebe haben erneut zugeschlagen	2	2	1									
2a	Dieseldiebstahl: Erste Spuren der Täter				1	1KB	2 KB						
3	Tschernobylausstellung wird eröffnet	3	3	4	2								
3a	Tschernobylausstellung ist eröffnet						2	3	4	5	4		
4	Vermisste Frau wieder aufgetaucht			3	4								
5	Einbrecher nach fünf Jahren überführt						3	4	3				
6	Altmetalldiebesbande gefasst						4						
7	Ortsumfahrung soll früher kommen							1 KB	2 KB				
8	Brand in Reifenlager							1					
8a	Feuer in Reifenlager gelöscht								1	1			
8b	Millionenschaden durch Brand in Reifenlager										1 KB		
9	Anzeige gegen Polizistin							2					
10	Strengere Werte für Kläranlagen							3	3	3			
11	Kreisseniorenrat mit neuer Vorsitzenden							4					
12	Jugendlicher stellt sich nach Raub								2	4			
13	Polizei fasst mutmaßlichen Vergewaltiger									2			
13a	Mutmaßlicher Vergewaltiger gesteht											1 KB	1 KB
14	Schlag gegen die Rauschgiftszene											2	
14a	Erfolgreiche Drogenfahndung: Einzelheiten												2
15	Indische Filmwoche wird eröffnet											3	3
16	Beifahrerin an Autobahntankstelle vergessen											4	4

Abb. 8.2 Beispiel zum Umgang mit Wiederholungen und Aufmachern

Die Themen wechseln über den Tag, aus Aufmachern werden nachgeordnete Meldungen, die schließlich ganz entfallen. Einzelne Themen werden fortgeschrieben, (8a, 13a, 14a). Zu einem Thema gab es am späten Nachmittag noch eine Tageszusammenfassung (2b).

Diese Art der tabellarischen Darstellung zeigt auf einen Blick, ob Meldungen zu oft wiederholt wurden, ob nachgeordnete Meldungen plötzlich zu Aufmachern mutieren oder Aufmacher in der nächsten Sendung gänzlich verschwinden. Das zeigt das Beispiel in Abb. 8.2.

Die Tschernobylausstellung muss die Redaktion sehr beeindruckt haben. Insgesamt wurde das Thema neun Mal hintereinander aufgegriffen (und die Vorab-Meldung am Morgen klang fast genauso wie Meldung nach Ausstellungseröffnung). Um 8:30 Uhr wurde die bereits zweimal an zweiter Stelle gelaufene Meldung über Dieseldiebe plötzlich zum Aufmacher (ohne dass die Meldung verändert wurde). Die Aufmachermeldung von 15:30 Uhr (Millionenschaden durch Brand in Reifenlager) tauchte danach gar nicht mehr auf.

Die einzelne Meldung

9

Radionachrichten erreichen das Kurzzeitgedächtnis der Hörer. Zudem wird das Radio oft „nebenher" gehört, also nicht mit voller Konzentration. Deshalb lässt sich nur eine begrenzte Anzahl einfacher Botschaften vermitteln. Das bedeutet: Meldungen müssen auf das Wesentliche konzentriert werden, einfach und klar aufgebaut sein und dürfen weder sprachlich noch inhaltlich „Stolperfallen" enthalten. Muss ein Hörer über einen kompliziert dargestellten Sachverhalt oder ein Wort nachdenken, rauscht der Rest der Meldung an ihm vorbei.

9.1 Was die Spitzmarke leistet

Die meisten Sender und Studios beginnen jede Meldung ihrer Nachrichten und Regionalnachrichten mit einer Ortsangabe. Diese „Spitzmarke" trennt die einzelnen Meldungen deutlich voneinander und soll den Hörern die Orientierung erleichtern.

Manchmal schaffen Programme die Spitzmarken ab, weil die Nachrichten dann angeblich „flüssiger" oder „sprechsprachlicher" klingen. Diese Einschätzung ist – vorsichtig ausgedrückt – ziemlich gewagt. Eher gilt: ohne Spitzmarken gerät der ohnehin lange Wortblock der Nachrichten zum „flüssigen Wortbrei". Die Nachrichten sind nicht mit anderen Wortstrecken zu vergleichen. Sie „springen" von einem Thema zum anderen. Kein roter Faden, keine Stringenz – eigentlich zusammenhangloses Zeug. So würde niemand drei Minuten lang mit seinem Nachbarn, Freund oder Kollegen sprechen. Das Hindernis für „flüssige Sprechsprache" sind nicht die Spitzmarken, sondern das Genre „Nachrichten" als solches – viele unterschiedliche Informationen in kurzer Zeit.

Kein Mensch käme auf die Idee, Zwischenüberschriften in einem längeren Artikel zu streichen, damit der Gesamteindruck einer einheitlichen Bleiwüste nicht zerstört wird. Ähnliches sollte für Spitzmarken in den Nachrichten gelten. Mit nur einem Wort (i. d. R einem Ortsnamen) signalisieren wir dem Hörer, dass nun eine

K.-A. Immel, *Regionalnachrichten im Hörfunk*,
DOI 10.1007/978-3-658-04893-8_9, © Springer Fachmedien Wiesbaden 2014

neue Meldung beginnt und geben ihm gleichzeitig eine räumliche Orientierung für diese neue Meldung. Effizienter kann man Nachrichten nicht strukturieren – und damit leichter verständlich machen. Die ästhetische Form („flüssiges" Klangbild) darf nicht über die Verständlichkeit siegen. Sounddesign ist wichtig, Klarheit ist noch wichtiger.

Zweifelhaft ist auch das zuweilen angeführte Argument, nach einer Spitzmarke gebe es Probleme mit der Ortsangabe im Leadsatz. Gern werden dann unsinnige Fehler auf die Spitzmarke zurückgeführt, obwohl die gar nichts dafür kann. Wenn z. B. der Gemeinderat von Hameln etwas beschließt, sollte es natürlich nicht heißen: *„Hameln: Der Gemeinderat der Rattenfängerstadt hat beschlossen ... "* („Rattenfängerstadt" als Synonym für Hameln, weil der Stadtname nicht wiederholt werden soll). In so einem Fall kann der Leadsatz schlicht auch ohne Ortsangabe auskommen: *„Hameln: Der Gemeinderat hat beschlossen, ...".* Wer der deutschen Sprache einigermaßen sicher ist, wird keine „spitzmarken-bedingten" Probleme mit dem Leadsatz bekommen!

Manchmal schaffen es Sprecher oder Redakteure am Mikrofon allerdings, die Spitzmarke durch maniertes Sprechen ad absurdum zu führen. Sie schließen am Ende einer Meldung sofort die Spitzmarke der nächsten Meldung an und machen erst danach eine Pause:

> ... soll morgen entschieden werden. Häringen: -Pause- Der Gemeinderat hat beschlossen ....

Dieses Problem lässt sich nicht dadurch lösen, dass man einfach die Spitzmarke streicht. Da hilft nur eine gehörige Lektion Sprecherziehung.

▶   **Die Spitzmarke trennt und orientiert**

Die Spitzmarke gibt den Ort des Geschehens an. Sie kann aber nicht prinzipiell Ortsangaben im Leadsatz oder gar in der ganzen Meldung ersetzen:

> *Bergstadt:* Der langjährige Bürgermeister von Talbach, Peter Maier, ist vom Kreistag zum neuen Landrat gewählt worden. Der 55-jährige ...

Trotz Spitzmarke muss im Leadsatz gesagt werden, dass Maier zum Landrat des Kreises Bergstadt gewählt wurde. Auch im folgenden Beispiel reicht die Spitzmarke als alleinige Ortsnennung nicht aus:

> *Rossgarten:* Die Internationale Bach-Akademie wird fast in aller Welt Werke von Johann Sebastian Bach präsentieren. Anlass ist ... Auf dem Programm stehen u. a. die USA, Südamerika und Russland. Höhepunkt wird ...

War die Pressekonferenz in Rossgarten? Hat die Akademie hier ihren Sitz? Findet in Rossgarten das erste Konzert statt? Ähnlich unklar ist diese Meldung:

> *Rahneck:* Der Bund der Steuerzahler hat den geplanten Umbau des Rathauses als Negativ-Beispiel für den Umgang mit Steuermitteln bezeichnet. Das geht aus dem Schwarzbuch des Verbandes hervor, das heute vorgestellt wurde. …

Die Spitzmarke könnte sich auf das Rathaus, aber auch auf den Sitz des Verbandes oder den Ort der Buchvorstellung beziehen.

▶ Mehrere Handlungsorte können eine Doppelspitzmarke rechtfertigen

Spitzmarken enthalten in der Regel nur den Ort der Handlung. In Ausnahmefällen können auch zwei Orte genannt werden. Bei sehr unbekannten Orten kann nötigenfalls noch der Landkreis oder die geografische Region angefügt werden („Hochberg, Bogenwaldkreis" oder „Burgstatt im Nordwald").

Wenn vom südamerikanischen Kourou aus eine europäische Trägerrakete mit einem Satelliten an Bord ins Weltall startet, kann die Spitzmarke nicht „Friedrichsport" lauten, nur weil dort die optischen Geräte des Satelliten gebaut wurden. In diesem Fall könnte eine Doppelspitzmarke „Kourou/Friedrichsport" helfen. Dabei muss der Ort des aktuellen Geschehens zuerst genannt werden.

Doppelte Spitzmarken können auch helfen, räumliche Zusammenhänge deutlich zu machen. Wenn der Oberbürgermeister von Baustadt die Partnerstadt Antrosibirsk besucht und dort einen Kindergarten einweiht, darf als Spitzmarke ruhig „Antrosibirsk/Baustadt" stehen. Auch in diesem Fall sollte der tatsächliche Ereignisort zuerst genannt werden.

▶ Die Spitzmarke nicht zwanghaft in die Region verlegen

Oft wird die Spitzmarke „ins Sendegebiet verlegt", nur um den regionalen Bezug deutlich zu machen. Das kann sinnvoll sein, wenn der Ort der Handlung keine Rolle spielt. Wenn z. B. ein Unternehmen aus der Region seine Jahresbilanz in Berlin vorstellt, kann als Spitzmarke auch der Standort des Unternehmens genommen werden.

Unsinnig wäre aber z. B. die regionale Spitzmarke „Rotenberg", wenn ein Sportler aus Rotenberg in London eine olympische Goldmedaille gewonnen hat. Wenn der Radfahrer Müller aus Hinteraich die Tour de France gewinnt, muss die Spitzmarke „Paris" sein, nicht „Hinteraich". Auch in den Regionalnachrichten dürfen Spitzmarken wie „Peking" oder „Berlin" vorkommen! (vgl. auch *Den regionalen Bezug schaffen*)

Ein besonders beliebter Spezialfall betrifft Gerichtsverhandlungen. Bei einem Prozess vor dem Oberlandesgericht führt die Spitzmarke „Hintertupfingen" in die Irre – auch wenn die Tat einst in Hintertupfingen begangen wurde. Der Ort des aktuellen Geschehens ist der Gerichtsort.

Spitzmarken sollten übrigens nur Ortsnamen enthalten. Spezielle thematische Marken (*„Meldungen von der Kultur"*, *„Fußball"* oder ähnliche) wirken wie Fremdkörper und widersprechen den Hörgewohnheiten. Zudem suggerieren sie, dass Sport- oder Kulturmeldungen prinzipiell anders als sonstige Meldungen sind – warum eigentlich?

9.2   Die Schlagzeile

In manchen Programmen wird einer Meldung statt der Ortsangabe eine Schlagzeile vorangestellt. Die Schlagzeile trennt die einzelnen Meldungen noch deutlicher als eine Ortsangabe und soll inhaltlich einen Vorgeschmack auf die folgende Meldung geben. Doch Vorsicht: Regionalmeldungen sind inhaltlich meist nicht so schwerwiegend wie viele Meldungen in den Weltnachrichten. Bedeutungsschwangere Schlagzeilen können deshalb leicht ins Pathetische oder gar Lächerliche abgleiten. *„Untergangsstimmung beim VfL"* wirkt übertrieben – auch wenn der Verein auf einen Abstiegsplatz abgerutscht ist.

Gefährlich ist es auch, bunte Meldungen durch besonders kreative Schlagzeilen noch „unterhaltsamer" zu machen. Zur Eröffnung der Kirmes passt vielleicht auch die Schlagzeile „Alles dreht sich" – aber gestandenen Nachrichtenredakteuren dreht sich da höchstens der Magen rum.

Die Form einer Schlagzeile kann ganz sehr unterschiedlich sein, sollte aber innerhalb eines Programms in den verschiedenen Regionalsendungen einheitlich gestaltet werden. Das gilt z. B. für die Frage, ob die Schlagzeile grundsätzlich als vollständiger Satz formuliert werden soll oder ob Schlagworte genügen.

▶   Das Thema benennen, keine falschen Assoziationen wecken

Die Schlagzeile muss das Thema benennen und sollte möglichst keine falschen Assoziationen aufkommen lassen.

„Volles Portemonnaie" zur Meldung über den Diebstahl eines größeren Geldbetrages ist genauso wenig hilfreich wie *„Nun sind sie wieder weg"* für die Meldung über das Ende einer großen Schiffsparade.

Schlecht ist auch zu versuchen, durch kryptische Formulierungen „Interesse zu wecken" wie in den folgenden Beispielen:

„Ministerpräsident auf dem Traktor" – für die Meldung über den Besuch des Regierungschefs auf einem Museumsbauernhof.

„Viel Geld zu vergeben" – zu einer Meldung über die Tagung der Jury für den Deutschen Jugendbuchpreis.

Noch schlimmer ist, in der Schlagzeile zu spekulieren oder zu werten:

Kripo ermittelt wegen **Brandstiftung** –
In einer Behrensburger Buchbinderei hat es am Wochenende einen Großbrand gegeben. Mehr als 80 Feuerwehrleute waren im Einsatz und konnten das Gebäude retten. Wodurch das Feuer ausgebrochen ist, ist noch unklar. Auch über die Höhe des Schadens kann der Firmeninhaber noch keine Angaben machen. Die Buchbinderei ist in der Nachbarschaft umstritten. Anlieger beklagen seit längerem Lärm- und Geruchsbelästigungen.

In der ganzen Meldung gibt es keinen Hinweis, der die Ermittlungen wegen „Brandstiftung" in der Schlagzeile rechtfertigen würde.

Manchmal schleichen sich auch Wertungen ein, die in den Nachrichten nichts zu suchen haben:

Chance nicht verpassen –
In Losum soll ein neues Kongress- und Veranstaltungszentrum entstehen. Das haben die Stadtvertreter gestern Abend beschlossen. Bis Oktober sollen die Pläne für das 11-Millionen-Projekt vorliegen. Die Halle soll innerhalb von zwei Jahren auf dem Messegelände entstehen. Für das Zentrum sind Fördergelder in erheblichem Umfang vom Land in Aussicht gestellt worden.

Offenbar haben die in Aussicht gestellten Fördergelder des Landes dem Redakteur der Meldung den Mund wässrig gemacht. Anders ist die Schlagzeile kaum zu erklären.

Gleich doppelt wertend ist: *„Schon wieder drohen Streiks"*. Die ersten beiden Worte signalisieren, dass der Redakteur offenbar von Streiks die Nase voll hat. Aber auch das Wort „drohen" ist nicht neutral. In diesem Fall wäre z. B. die Schlagzeile denkbar gewesen: „Möglicherweise weitere Streiks".

▷   Räumliche Orientierung geben

In der Schlagzeile sollte nach Möglichkeit auch eine räumliche Orientierung gegeben werden. Entweder wird der Ort des Geschehens genannt oder es fällt ein Name, der leicht zuzuordnen ist.

Statt *„Wirtschaft erholt sich"* ist besser: „Wirtschaftsaufschwung im Landkreis Storn". Statt *„Bus in Flammen"* könnte stehen: „Linienbus in Eversdorf ausgebrannt" und anstelle *„Hoher Besuch"* wäre besser: „Hoher Besuch in Gaststatt" oder noch besser: „Prinz Philip zu Besuch in Gaststatt".

▷   Vorsicht mit Schlagworten und Alliterationen

Die Schlagzeile sollte nicht nur ein Schlagwort sein. Die Hörer werden mit folgenden Schlagworten nicht viel anfangen:

„Ausgebucht" – zur Meldung, dass alle Hotelbetten in der Stadt belegt sind
oder gar: „Eiskalt" – zu einer Meldung über einen Raubüberfall auf einen Eis-
verkäufer.

Im Vergleich zu aussagekräftigen Schlagzeilen kosten solche Schlagworte zwar
ein paar Sekunden weniger, dafür erschweren sie aber das Verständnis der zugehö-
rigen Meldung. Zur Erinnerung: Hörfunknachrichten werden linear wahrgenommen. Der Hörer kann nichts nachlesen oder mehrere Worte gleichzeitig erfassen.
Er muss jeden Satz und jeden Begriff auf Anhieb verstehen.

Bei manchen Kollegen sind auch Alliterationen beliebt: „Ausgebuht" – „Ausge-
sagt" – „Ausgemustert". Dabei wird meist vergessen, dass zwischen diesen Schlagworten längere Meldungen verlesen werden. Was auf dem Papier wie eine originelle
Gliederung aussieht, kommt deshalb bei den Hörern gar nicht an. Zudem gilt auch
in diesem Fall: In den Nachrichten darf die Form nicht wichtiger werden als der
Inhalt!

Hübsch aber fragwürdig ist auch die Schlagzeile „Ente gut, alles gut" für eine
Meldung über die erfolgreiche Rettung einer Entenfamilie vom Grünstreifen einer
Autobahn.

▷   Die Schlagzeile ersetzt den Leadsatz nicht

Die Schlagzeile steht zunächst für sich. Der Leadsatz sollte formal nicht auf die
Schlagzeile Bezug nehmen oder gar als deren Fortsetzung formuliert werden:

Jahrmarkt in Welde – Autofahrer müssen **daher** mit Verkehrsbehinderungen rech-
nen. …

Schlecht ist auch: „Eich verzichtet auf erneute Kandidatur – *Das* gab Heinbecks Bürgermeister Eich bekannt. …". Stattdessen könnte es z. B. heißen: „Eich verzichtet auf
erneute Kandidatur – Nach 16 Amtsjahren wird Heinbecks Bürgermeister Eich bei
der Wahl im kommenden Frühjahr nicht wieder antreten …".

Ein bisschen Wiederholung oder neuhochdeutsch „Redundanz" darf in den
Nachrichten sein. Der Leadsatz sollte allerdings nicht wortgleich formuliert sein
und mehr Informationen enthalten als die Schlagzeile.

9.3 Der Leadsatz entscheidet, ob der Hörer hinhört

Der erste Satz einer Meldung entscheidet darüber, ob der Hörer das Thema für relevant hält oder (hoffentlich nur vorübergehend) abschaltet. Der Leadsatz hat für die einzelne Meldung also eine ähnliche Funktion wie der „Earcatcher" für Reportagen oder Berichte. Doch ein Reporter darf mit O-Tönen, emotionalen Schilderungen oder spannenden Fragen einsteigen. In den Nachrichten geht das nicht. Umso wichtiger ist ein informativer Leadsatz. Die Nachrichten folgen strengeren Regeln – schon um jeden Anschein von Wertung oder Subjektivität zu vermeiden. Kommunikationswissenschaftler sprechen von „Routinen". Solche formalen Regeln helfen, die Glaubwürdigkeit von Nachrichten zu erhalten.

Der erste Satz einer Meldung steht im Präsens oder Perfekt und sollte nur die wichtigste Botschaft enthalten. Quelle, Einzelheiten und Hintergründe folgen im weiteren Verlauf der Meldung. Im Idealfall können die Hörer mit einem Leadsatz auch dann noch etwas anfangen, wenn sie die ganze restliche Meldung nicht mehr hören. Auf keinen Fall sollte ein Leadsatz mit einem Nebensatz beginnen („Weil …", „Nachdem …", „Obwohl …") (vgl. *Nicht mit Nebensätzen beginnen*)

Es kann problematisch sein, grundsätzlich schon im Leadsatz den regionalen Bezug herstellen zu wollen. Wenn ein Ereignis außerhalb des Sendegebiets stattfindet schadet es nichts, wenn manchmal der regionale Bezug erst im zweiten Satz klar wird. Das ist besser als gewagte inhaltliche oder grammatikalische Verrenkungen. Meldungen dürfen auch nicht mit einem Nebenaspekt aufgemacht werden, nur weil dieser Aspekt den regionalen Bezug enthält. (vgl. *Die Spitzmarke nicht zwanghaft in die Region verlegen*)

▷   Die wichtigste Botschaft zuerst, keine „Anlaufsätze"

Der Leadsatz enthält die wichtigste Botschaft – keine Einleitungen, die auf die eigentliche Meldung vorbereiten. Gefällige aber inhaltsarme Einleitungssätze mögen für Moderationen in Magazinen geeignet sein, nicht aber als Leadsätze in Meldungen. Also: keine „Anlaufsätze":

Altberg: Bundes- und Landesregierung bekommen Post vom Landratsamt Altberg. Der Kreistag hat eine Resolution verabschiedet. Darin fordert er … den Ausbau der Autobahn A 631 zwischen …

Es geht um die Aussage: „Der Altberger Kreisrat hat den Ausbau … gefordert." Ähnlich nichtssagend und langweilig ist:

Nordburg: Das Landesagentur für Arbeit hat heute die Arbeitsmarktzahlen für den Monat Oktober bekannt gegeben. Demnach ist die Arbeitslosigkeit in der Region Nordburg auch im Oktober geringfügig zurückgegangen. …

Die Tatsache, dass neue Arbeitsmarktzahlen vorgelegt wurden, ist nicht sonderlich interessant. Deshalb besser umgekehrt: „Die Zahl der Arbeitslosen in der Region Nordburg ist im Oktober leicht zurückgegangen. Das hat die Landesagentur für Arbeit heute mitgeteilt. …"

Viel zu allgemein sind auch die folgenden Leadsätze:

Sorg: Ein 49 Jahre alter Mann muss sich heute vor dem Landgericht Sorg verantworten. …

Borstadt: Das Verwaltungsgericht hat einen Eilantrag der Stadt Borstadt abgelehnt. …

Horat: Ein Lappen auf einem Küchenherd hat am Nachmittag die Feuerwehr beschäftigt. …

Unterrettfeld: Ein Schrotthändler hat in der Region für Aufregung gesorgt. Der Mann hatte irrtümlich eine Granate auf seinen Wagen geladen. …

Zunehmend akzeptiert werden „Anlaufsätze", die ein bisschen an Schlagzeilen erinnern: „*Xbach:* Der Streit im Rathaus eskaliert. Bürgermeister Schulz hat seinem Stellvertreter Pfeiffer Hausverbot erteilt. …". Manchmal sind solche Leadsätze sogar keine vollständigen Sätze: „*Yburg:* Überraschende Wende im xy-Prozess. … hat sein Geständnis widerrufen. …".

Im folgenden Beispiel wird eine hübsche Geschichte erzählt. Der Leadsatz erinnert aber eher an den Beginn eines Märchens als an den Einstieg in eine Meldung:

Werheim: Eine Frau ist am Wochenende in ihrem Schlafzimmer durch ein Geräusch geweckt worden. Zuerst vermutete sie, es handele sich um ihren Mann, der im Zimmer herum läuft. Als sie die Gestalt ansprach, suchte der Unbekannte allerdings sofort das Weite. Die Polizei suchte die Umgebung des Hauses ab – ohne Erfolg. Gestohlen hatte der Einbrecher nichts.

Chronologisch richtig, aber falsch gewichtet ist auch die folgende Meldung aufgebaut:

Schöntal: Bei einem Frontalzusammenstoß mit einem LKW ist eine 35jährige Autofahrerin am Mittag bei Schöntal im Hochwaldkreis lebensgefährlich verletzt worden. Sie starb am Nachmittag im Krankenhaus. …

Die Frau wurde zuerst verletzt und starb erst danach – dennoch: Kern der Meldung ist: „Eine 35jährige Autofahrerin ist bei einem Frontalzusammenstoß bei Schöntal im Hochwaldkreis ums Leben gekommen."
Entsprechendes gilt für diese Meldung:

> *Bad Sonden:* Weil sich die Ablass-Schraube des Kraftstofftanks gelöst hatte, hinterließ ein schwedischer Lastzug am Freitag eine kilometerlange Dieselspur von Bad Sonden bis Rettlingen. Die Folge waren kilometerlange Staus, zwei Autounfälle mit Leichtverletzten und 14.000 Euro Sachschaden. Bei der Bad Sondener Polizei gingen wegen der Ölspur in kürzester Zeit 40 Notrufe ein, weil der ausgelaufene Kraftstoff auch auf den Gehwegen zu Rutschpartien für Fußgänger führte.

Die eigentliche Meldung sind die beiden Unfälle, die Dieselspur der Hintergrund: „Zwischen Bad Sonden und Rettlingen haben sich auf einer kilometerlangen Dieselspur zwei Verkehrsunfälle ereignet. Nach Angaben der Bad Sondener Polizei wurden dabei zwei Menschen leicht verletzt. Der Sachschaden beläuft sich auf rund 14.000 €. Den Kraftstoff hatte ein schwedischer Lastzug verloren, bei dem sich die Ablass-Schraube des Tanks gelöst hatte. Die Dieselspur führte zu langen Staus auf der Straße. Auf den Gehwegen rutschten viele Fußgänger aus. Bei der Polizei gingen 40 Notrufe ein.
Auch diese Meldung beginnt nicht mit dem Wichtigsten:

> *Seichtwangen:* Nach der Schließung des Kreiskrankenhauses in Seichtwangen wollten 15 Seichtwanger Ärzte ein Gesundheitszentrum in den aufgegebenen Räumen einrichten. Jetzt hat die Kassenärztliche Vereinigung dieses Vorhaben abgelehnt. Folgt KB

Der Kern dieser Meldung ist: „In den Räumen des ehemaligen Kreiskrankenhauses wird es kein Gesundheitszentrum geben. Die Kassenärztliche Vereinigung hat das Vorhaben von 15 Seichtwanger Ärzten abgelehnt."
Eine geradezu klassische Nicht-Nachricht enthält der Leadsatz der folgenden Meldung (und leider geht es danach auch nicht sonderlich nachrichtlich weiter):

> *Hautbach:* Vor 80 Jahren wurde im Hautbacher Gasthaus Kronprinzen die städtische Rot-Kreuz-Vereinigung gebildet. Damals stand die reine Sanitätsarbeit im Vordergrund. Heute ist der Verein auch im Katastrophenschutz, der Sozialarbeit, der Betreuung von Senioren und Behinderten aktiv. Mit 2.700 Fördermitgliedern ist der DRK-Ortsverein einer der größten im Land. Noch bis heute ist im Rathaus eine historische Sammlung von Fernmeldegeräten der Nachkriegszeit zu sehen. Zum Jubiläum ist eine reichbebilderte Broschüre des Vereins erschienen.

Gemeint war wohl: „Der Hautbacher DRK-Ortsverein feiert heute sein 80 jähriges Bestehen...."

Viel zu lang ist die Einleitung in der folgenden Meldung geraten:

> *Korbstadt:* Die derzeit hohen Heizölpreise bringen viele Gemeinde- und Kreiskämme-
> rer in arge Nöte. Die Kommunen und Kreise sind finanziell meist recht klamm und
> jetzt kommen auch noch die hohen Heizölpreise dazu, mit denen bei der Haushalts-
> aufstellung nicht gerechnet wurde. Der Landkreis Korbstadt war in der Not erfinde-
> risch und hat …

Tja, was hat denn der Landkreis …? Nach den ersten fünfzehn Sekunden der Meldung kennen die Hörer immer noch nicht die eigentliche Botschaft.

Leadsätze sollen die wichtigste Botschaft enthalten und Interesse an weiteren
Informationen wecken – deshalb nie versuchen, liebevoll aber umständlich zum
Thema vorzustoßen:

> *Ratfels:* Das Kinderkrankenhaus Sankt Paula Stift kann sich freuen. Eine Klasse der
> Berufsbildenden Schule Technik 1 hat dem Chefarzt der Klinik eine Spende von
> 300 Euro überreicht. …

Oder:

> Glück im Unglück -
> Zwei Polizeibeamte hätte es bei einem Unfall auf der A1 weit schlechter treffen kön-
> nen. Sie sicherten gerade eine Unfallstelle ab und waren auf dem Rückweg zu ihrem
> Auto. Da durchbrach …

Banal und deshalb schlecht ist auch der Leadsatz folgender Meldung:

> *Lohbrück:* Maschinen- und Anlagenbauer im Land haben Sorgen. Nicht, weil die
> Aufträge ausbleiben, sondern weil es an Nachwuchs fehlt. Genauer gesagt: es fehlen
> Ingenieure. Seit Anfang der 90er Jahre sinkt die Zahl der Ingenieurs-Studenten stetig.
> Mit einer neuen Kampagne unter dem Motto „Think ing." – „denk wie ein Ingenieur"
> geht der Verband der Anlagen- und Maschinenbauer jetzt auf Nachwuchssuche. …

Die eigentliche Nachricht ist: „Der Verband der Maschinen- und Anlagenbauer hat
eine Aktion gestartet, um mehr Abiturienten zu einem Ingenieurstudium bewegen.
…"

Eine noch so nette Meldung wird entwertet, wenn sie schon im Leadsatz als alt
abqualifiziert wird:

> *Höhm:* Polizeibeamte haben schon am Montag in einem Holzverschlag in Höhm vier
> weiße Pfautauben, eine Brieftaube und einen Nymphensittich entdeckt. … Die Polizei
> geht davon aus, dass sie gestohlen worden sind. … (vgl. *Meldungen müssen aktuell sein*)

▶   Je komplizierter die Meldung, desto wichtiger ein klarer Leadsatz

Oft müssen komplexe Sachverhalte und Zusammenhänge erläutert werden. In solchen Fällen ist ein klarer Leadsatz besonders wichtig.

Schwarzhorst: Die Landeskartellbehörde hat das Ermittlungsverfahren wegen des Verdachts der Liefersperre gegen die Kinobetreiberin Liselotte Schneider laut einem Zeitungsbericht eingestellt. Ein Schwarzhorster Kinobetreiber hatte Beschwerde eingelegt, weil er angeblich auf Betreiben Schneiders aktuelle Filme erst erhalten hatte, nachdem sie im Multiplex, das Schneider gehört, abgesetzt worden seien. Der Verdacht der Liefersperre hat sich nach Aussage des Landeskartellamts jedoch nicht bestätigt.

Diese Meldung ist kompliziert. Der Kern ist: „Im Streit zweier Schwarzhorster Kinos um die Belieferung mit aktuellen Filmen wird nicht weiter ermittelt. Das Landeskartellamt hat das Verfahren gegen die Kinobetreiberin Liselotte Schneider eingestellt. …"
Manche Meldungen sind zwar nicht kompliziert aber reichlich dröge. Auch in solchen Fällen ist ein gut verständlicher Leadsatz sehr hilfreich:

Daub: Der Petitionsausschuss des Landtags hat den Antrag des Bundes der Selbständigen und der Gemeinde Horrbach gegen die Sperrung des Jagbachs abschlägig beschieden. Nach Informationen von Radio XY hat der Ausschuss in seiner Sitzung vergangene Woche entschieden, der Petition nicht abzuhelfen. Eine öffentliche Begründung wird es erst in einigen Wochen geben. Die Antragsteller hatten unter anderem beklagt, dass die Jagbachverordnung die touristische Entwicklung behindere. Dagegen hatte sich der Landesnaturschutzverband in einer weiteren Petition für eine Verschärfung u. a. des Kanuverbotes eingesetzt. Im Kreis Daub ist das Bootfahren auf dem Jagbach von Februar bis September nur eingeschränkt erlaubt, um die Natur zu schützen.

Wer mit „*Sperrung des Jagbachs*" nichts anfangen kann, begreift erst ganz zum Schluss, dass es um Einschränkungen für Paddler, Kanuten und Ruderer geht. Warum also nicht als Leadsatz voranstellen: „Auf dem Jagbach ist das Bootfahren auch künftig nur eingeschränkt erlaubt." (Unabhängig davon lässt sich verständlicher ausdrücken, dass ein Antrag „*abschlägig beschieden*" und einer Petition „*nicht abgeholfen*" wurde.)

▶   Den Leadsatz nicht überfrachten

Der Leadsatz sollte möglichst kurz sein. Manchmal hilft es, einen Leadsatz gedanklich zu testen: Wäre dieser Leadsatz auch als Schlagzeile geeignet? Wenn ja, ist er wahrscheinlich in Ordnung. Alles was nicht unbedingt zum Verständnis der wichtigsten Botschaft notwendig ist, folgt erst in den weiteren Sätzen.

Reichenstadt: Der Reichenstädter Gemeinderat hat auf seiner gestrigen Sitzung im Zusammenhang mit der geplanten Umgehungsstraße Nord die Stadt Neuburg aufgefordert, einen gemeinsamen Industriepark im Bereich Flussaue zu genehmigen, um so die Entlastung von … zu gewährleisten. Andernfalls werde man … nicht zustimmen. …

Besser wäre wohl: „Der Reichenstädter Gemeinderat will der geplanten Umgehungsstraße nur unter bestimmten Bedingungen zustimmen. Gestern Abend forderte …"

▶   **Den regionalen Bezug im Leadsatz nicht krampfhaft herstellen**

Der Leadsatz muss nicht grundsätzlich einen lokalen Bezug zum Sendegebiet herstellen. Wenn in der Fußballnationalmannschaft nur ein Spieler aus dem Sendegebiet steht, würde niemand formulieren: *„Karl Müller aus Cestadt ist Fußballweltmeister. Zusammen mit der Fußballnationalmannschaft schlug er im Finale …"* In weniger offenkundigen Fällen werden aber immer wieder Leadsätze nach diesem Schema gesendet:

Schlagdorf: Fecht-Olympiasieger Otto Berger aus Schlagdorf hat die Mannschaftsweltmeisterschaft der Degenfechter gewonnen. Im Finale schlug die Mannschaft von Trainer …

Nicht viel besser ist:

Baatz: Der Elektronikriese IBM mit einer Niederlassung in Baatz will weltweit rund 20.000 Arbeitsplätze abbauen. …

Unprofessionell ist es, Meldungen mit einem Nebenaspekt aufzumachen, nur weil so schon im ersten Satz der regionale Bezug hergestellt wird:

Ohlensen: Bei einem Seilbahnunglück im italienischen Fleimstal ist ein 45-jähriger Ohlenser ums Leben gekommen. Beim Absturz einer Gondel in Cavalese sind insgesamt 6 Menschen getötet und über 20 weitere verletzt worden. Aus noch ungeklärter Ursache …

Stattdessen müssten zunächst die wichtigsten Fakten des Unglücks genannt werden. Der zweite Satz könnte dann lauten: „ … Unter den Opfern ist auch ein 45-jähriger Mann aus Ohlsen. …"

Wenn die Meldung vom Seilbahnunglück bereits bekannt ist, kann ein regional bezogener Leadsatz auch lauten: „*Cavalese:* Unter den Opfern des Seilbahnunglücks im Fleimstal ist auch ein 45-jähriger Mann aus Ohlsen ...“

▶   Schlüsselwörter früh nennen

Sinnstiftende Schlüsselbegriffe müssen möglichst früh fallen. Anders als bei gedruckten Texten können die Hörer nichts nachlesen. Was sie nicht auf Anhieb einordnen können, verstehen sie nicht. Erklärende Schlüsselwörter am Satzende oder im nächsten Satz nützen dann nicht mehr viel:

> *Testin:* Auch nach der heutigen Sitzung einer aus Mitgliedern der Bundesregierung bestehenden Kommission bleibt unklar, ob die Bundesforschungsanstalt für Viruserkrankungen bei Vögeln in Testin bleibt oder nicht. Die Politiker wollen sich noch einmal zusammensetzen, um im Tauziehen zwischen Testin und ...

Es geht um den künftigen Standort der Bundesforschungsanstalt. Die kommt aber erst in der zweiten Hälfte des Leadsatzes vor. Besser wäre: „Der künftige Standort der Bundesanstalt für Viruserkrankungen bei Vögeln ist weiter umstritten. Nach der heutigen Sitzung ...“

Viel zu lang bleibt der Hörer auch bei folgendem Leadsatz im Unklaren:

> *Blasow:* Wie erst heute bekannt wurde, gibt es nach den Unwettern der vergangenen Wochen und der dadurch bedingten Überflutung zahlreicher Keller im Altheidekreis erste Hinweise auf eine Verunreinigung des Grundwassers. Wahrscheinlich durch leckgeschlagene Öltanks sind offenbar größere Mengen ...

Neu ist, dass das Grundwasser möglicherweise verseucht ist. Der Leadsatz könnte also lauten: „Nach dem Hochwasser der vergangenen Wochen ist möglicherweise das Grundwasser verseucht. ...“

Problematisch ist auch, wenn der Schlüsselbegriff zwar schon früh genannt wird aber nicht auf Anhieb verständlich ist:

> *Kort:* Der Westdeutsche Landwirtschaftliche Hauptverband, kurz WLHV, will seinen Forderungen bei den Verhandlungen zum Thema Landkauf Nachdruck verleihen. Zum einen wollen die Bauern mit Schildern auf die Landkaufproblematik aufmerksam machen. Zum andern wollen sie den Wirtschaftsminister vor Ort einladen, um ihm deutlich zu machen, dass mit dem Sterben der Bauernhöfe auch Arbeitsplätze verloren gehen. Die deutschen Landwirte sehen sich in ihrer Existenz bedroht, weil Bauern aus dem benachbarten Ausland im Grenzgebiet Land kaufen und pachten.

Erst im letzten Satz wird erklärt, worum es beim Thema „Landkauf" eigentlich geht.

> „Thema – Rhema": Keine Inversion im Leadsatz

Am besten ist der klassische Satzaufbau „Subjekt – Prädikat – Objekt". Davon sollte insbesondere im Leadsatz nicht abgewichen werden. Im Gegensatz zu frühe-
ren Lehrmeinungen machen sog. Inversionen den Leadsatz nicht verständlicher
– im Gegenteil. In jedem Satz gibt es eine Hauptbotschaft – einen Sachverhalt oder
manchmal auch nur einen Begriff, der besonders wichtig ist und der betont werden
muss. Fast immer steht dieser „Kern" hinten im Satz. Wird diese Botschaft vorge-
zogen, sind falsche Betonungen programmiert. Deshalb ist der folgende Satz falsch
aufgebaut:

> Zu lebenslanger Haft ist der Mörder der kleinen Andrea verurteilt worden.

Die Hauptbotschaft müsste am Satzende stehen: „Der Mörder der kleinen Andrea
muss lebenslang ins Gefängnis" (Schlüsselbegriff: „Mörder der kleinen Andrea",
Botschaft: „lebenslang")

Ganz schlecht ist, wenn zur Inversion auch noch schmückendes Beiwerk
kommt, das den Leadsatz in die Länge zieht:

> Zu lebenslanger Haft verurteilt haben die Richter am Landgericht xy nach eineinhalb-
> jährigem Prozess und unter lebhaftem Beifall der zahlreichen Zuhörer am Vormittag
> den Mörder der kleinen Andrea.

Leider sind Inversionen in der Praxis sehr verbreitet:

> *Menning:* Vermutlich aus Unachtsamkeit einen Unfall verursacht hat am Morgen eine
> 78-Jährige auf der Landstraße …

> *Werthhaus:* Wegen illegalem Waffenbesitz und Störung der öffentlichen Ordnung
> muss sich heute ein 60-Jähriger vor dem Landgericht verantworten …

> *Schaffingen:* Restlose Aufklärung in der Ein-Euro-Job-Affäre verlangt der Bürger-
> meister der Gemeinde …

In allen diesen Beispielen wird die Regel missachtet, dass in umgangssprachlichen
Sätzen normalerweise der Clou am Ende steht. Kommunikationswissenschaftler
sprechen vom „Thema-Rhema-Schema". Danach wird in gesprochenen Sätzen Spannung aufgebaut. Das Thema am Anfang sorgt für Orientierung, das Rhema (grie-
chisch ῥῆμα: „die Aussage", „die Äußerung") am Schluss beinhaltet die Neuigkeit.

Danach sollten übrigens keine Anhängsel mehr kommen („…, *hieß es im Rathaus.*" oder „… *berichteten Teilnehmer*"). So ein Nachklapp erhielte eine Wichtigkeit, die ihm gar nicht zukommt. Der folgende Satz enthält eine Inversion und zu allem Überfluss am Ende auch noch einen ganzen Nebensatz als Anhängsel:

Borbach: Schwerste Verletzungen im Gesicht und im Brustbereich hat gestern Abend ein 24-jähriger Autofahrer erlitten, als sein Fahrzeug in einer Linkskurve …

Besser wäre: „Borbach: Ein 24-jähriger Autofahrer hat gestern Abend schwere Verletzungen im Gesicht und im Brustbereich erlitten. Sein Fahrzeug war in einer Linkskurve …" Die Meldung handelt von einem 24-jährigen Autofahrer (Thema), der schwer verletzt wurde (Rhema). Der Unfallhergang gehört in einen neuen Satz.

▶   Einordnen aber nicht interpretieren

Manchmal wird eine Meldung verständlicher, wenn der Inhalt im Leadsatz zusammengefasst oder richtig eingeordnet wird. Das gilt zum Beispiel für komplizierte Verwaltungsentscheidungen:

Freiberg: Der Regionalverband Südliche Oberenns wird die regionale Steuerung großflächiger Einzelhandelsbetriebe weiter verstärken. Grundlage ist ein Gutachten zur Vorbereitung eines ‚Regionalen Märktekonzeptes', das der Regionalverband und der Einzelhandelsverband in Auftrag gegeben haben. Sinn dieses Konzeptes ist es, die gewachsenen Strukturen in den Ober-, Mittel- und Unterzentren der Region Oberenns zu erhalten. Die Ansiedlung großflächiger Einzelhandelsbetriebe soll überregional geregelt werden. Um dies zu erleichtern, fordert der Regionalverband erneut, die Raumordnungsverfahren von den Regierungspräsidien in die Hand der Regionalverbände zu legen.

Diese Meldung ist so bürokratisch formuliert, dass kaum jemand sie verstehen wird. Hilfreich wäre zu Beginn: „In der Region Südliche Oberenns soll der Bau von Einkaufszentren auf der Grünen Wiese künftig besser koordiniert werden. ….."
Solche zusammenfassenden Leadsätze sollten aber keine gewagten Interpretationen enthalten:

Kochstadt: Eine ältere Frau hat einem Kaufhausdetektiv in der Innenstadt geholfen einen Ladendieb zu stellen. Wie die Polizei berichtet hatte der 29-jährige Detektiv gestern Morgen einen Dieb auf der Flucht verfolgt. Als der sich umdrehte stieß er mit der 73-jährigen Kundin zusammen. Die Seniorin erlitt dabei zwar eine Risswunde unter dem rechten Auge. Sie half aber unbeabsichtigt mit, den Dieb festzunehmen und der Polizei zu übergeben, heißt es in dem Polizeibericht.

Zu weit geht wohl auch die Aussage im Leadsatz der folgenden Meldung:

> *Halbstatt:* Seine eigenen Kinder haben in Halbstatt einen 39-Jährigen um seinen Füh-
> rerschein gebracht. Laut Polizei hatten die mitfahrenden Kinder einen Ball aus dem
> Auto geworfen, der Vater bremste daraufhin ab. Dies bemerkte eine nachfolgende
> Autofahrerin zu spät. Bei dem Auffahrunfall entstand Sachschaden in Höhe von rund
> fünftausend Euro. Bei der Unfallaufnahme durch die Polizei stellte sich dann heraus,
> dass der 39-Jährige nicht unerheblich alkoholisiert war. Dem Mann wurde eine Blut-
> probe entnommen, der Führerschein einbehalten.

Die Aussage, die eigenen Kinder hätten den Mann um seinen Führerschein gebracht, sollte die Hörer wohl aufhorchen lassen. Inhaltlich ist dieser Leadsatz aber
nicht seriös.

▶   **Zitate und Behauptungen sind keine Fakten**

Der Leadsatz muss notfalls allein stehen können. Deshalb dürfen z. B. Politikeräußerungen nicht als Tatsachenbehauptung vorangestellt werden:

> *Schwatz:* In einer Zeit des tiefgreifenden wirtschaftlichen und sozialen Wandels wird das
> Ehrenamt immer wichtiger. Das erklärte Ministerpräsident XY bei der Einweihung …

Besser: „… wird das Ehrenamt nach Meinung von Ministerpräsident XY immer
wichtiger". Oder: „*Schwatz:* Ministerpräsident XY hat … eingeweiht. Dabei erklärte
er, die Bedeutung des Ehrenamts werde …"
Ein Zitat muss rechtzeitig und klar als solches gekennzeichnet werden (das gilt
übrigens nicht nur für den Leadsatz). Vor allem dürfen regelrechte Werbeaussagen
nicht als Tatsachenbehauptungen in den Raum gestellt und erst danach relativiert
werden:

> *Volsheide:* Die Wissenschaftliche Hochschule für Unternehmensführung hat sich zu
> einer Kaderschmiede des Unternehmernachwuchses entwickelt. Das erklärte Wirt-
> schaftsminister …

▶   **Keine Kenntnisse voraussetzen**

Oft werden zu viele Vorkenntnisse bei den Hörern vorausgesetzt. Das gilt insbesondere für Namen und Funktionen, Fachbegriffe und vorangegangene Ereignisse.

> *Roch:* Gestern wurde in Roch der neue Freizeitsee mit einer Seetafel präsentiert. Bis
> 2010 soll hier aus einer Sand- und Kiesgrube ein Freizeitsee entstehen. …

Ob die Hörer wohl verstehen, was eine „Seetafel" ist? Der neue Freizeitsee selbst ist jedenfalls nicht präsentiert worden, höchstens ein bebilderter Plan. Auch der folgende Leadsatz setzt Vorkenntnisse voraus:

Essing: Die ersten beiden Niederflurbusse werden heute in Essing ihre Praxistauglichkeit unter Beweis stellen. Mit der Beschaffung der beiden Niederflurbusse will die Stadt … verbessern.

Nirgends wird erklärt, was ein Niederflurbus eigentlich ist (vgl. *Fremdwörter, Fachbegriffe und Abkürzungen müssen erklärt werden*).

Ein Hörer, der sich mit den Honoratioren vor Ort nicht auskennt, wird auch folgende Meldung nicht so leicht verstehen:

Niederstadt: Sozial bedürftige Studierende sollen durch einen speziellen Stipendienfonds gefördert werden. Das hat der scheidende Rektor Günther Pflüger gefordert. Zur Attraktivität des Studienstandorts Niederstadt gehöre auch die Verbesserung des sozialen Umfelds der Studierenden, betonte Pflüger in seiner Abschiedsrede vor dem Freundeskreis der Uni. In seiner vierjährigen Amtszeit, so Pflüger, habe die Universität ihre Sparpläne erfüllt und konnte dadurch zukunftsträchtige Fachbereiche ausbauen. Die Universität Hochheim plant, ein Kompetenzzentrum zur Frauen- und Geschlechterforschung einzurichten. Der Schwerpunkt soll …

Herr Pflüger wird nur als Rektor eingeführt. Erst später dämmert den Hörern, dass es sich wohl um den Rektor der Uni (in Niederstadt) handelt. Durch die nahtlos angehängte Meldung der Uni Hochheim kommt dann freilich wieder Verunsicherung auf (vgl. *Trennen, was nicht zusammen gehört*).

Manchmal signalisiert nur ein bestimmter Artikel, dass der Redakteur davon ausgeht, dass die Hörer schon von einer Nachricht gehört haben:

Flohr: Im Mordfall **des** 41jährigen Obdachlosen hat die Polizei drei Tatverdächtige festgenommen. …

Wer von dem Fall bisher nichts gehört hat, ist besser bedient mit: „Nach dem Mord an **einem** 41jährigen Obdachlosen hat die Polizei …"

Im folgenden Beispiel wird das Wörtchen *„auch"* zu Beginn der Meldung wird erst später verständlich – deshalb besser weglassen:

Hufnich: **Auch** in Hufnich im Hochwald-Saas-Kreis ist am Dienstag verdorbene Milch aufgetaucht, die mit einem Reinigungsmittel versetzt ist. Das Landwirtschaftsministerium hat vor dem Genuss… gewarnt. Der erste Fall war in Saasbronn bekannt geworden. …

▶   Versprochenes halten

Wenn im Leadsatz Informationen angekündigt werden, müssen diese in der Meldung auch vorkommen:

> *Niedersen:* Die Kolbenmüller-Pierbach AG mit Werken in Niedersen und Haag hat ihre **Marktposition** im vergangenen Jahr deutlich verbessert. Es wurden 13 % mehr investiert als im Vorjahr. Schwerpunkte bildeten die Geschäftsbereiche Pierbach sowie Kolben und Aluminium Technologie. Der Geschäftsbereich Kolben konzentrierte sich auf den weiteren Ausbau der Fertigung im Ausland. Der Bereich Aluminium Technologie bereitete sich durch Investitionen in Gebäude und Maschinen in Niedersen auf den Serienlauf neuer Projekte vor. In der Kolbenmüller-Pierbach-Gruppe waren zum 31. Dezember fast 11.500 Mitarbeiter beschäftigt.

Die gesamte Meldung enthält keine Angaben zur „*Marktposition*" (Umsatz, Umsatzanteile, Auftragslage, Gewinn o. ä.), die sich verbessert haben soll. Außerdem werden die Hörer mit der Meldung insgesamt nicht viel anfangen, weil sie vor allem verklausulierte Insiderinformationen enthält (was ist z. B. der „*Geschäftsbereich Pierbach*"?)

Ähnliches gilt für die folgende Meldung:

> *Teckburg:* Mit einer **Wette** wollen junge Umweltschützer die neue Bundesregierung herausfordern. Bundesweit wollen 80 Schulen in den nächsten sieben Monaten den Ausstoß des Treibhausgases Kohlendioxid um 10.000 Tonnen verringern. Auf die Idee kamen die Veranstalter des 6. Jugendaktionskongresses in Teckburg. Die Regierung habe sich das Ziel, Kohlendioxid zu verringern, für die nächsten sieben Jahre gesteckt.

Die Schüler wollen schneller sein als die Bundesregierung. Von der angekündigten „*Wette*" ist in der Meldung aber nirgends mehr die Rede. (In dieser Meldung ist übrigens der letzte Satz als indirekte Rede formuliert, ohne dass eine Quelle genannt wird)

Im nachstehenden Beispiel wird die angekündigte Möglichkeit eines juristischen Streits in der ganzen Meldung nicht mehr aufgegriffen:

> *Wahn:* Der Streit um neue Kindergarten-Öffnungszeiten in Wahn soll notfalls auch **die Gerichte beschäftigen**, falls es zwischen den unzufriedenen Eltern und der Gemeindeverwaltung keine Einigung geben sollte. Erst im Juli hatte der Kindergarten-Ausschuss des Gemeinderats verlängerten Öffnungszeiten zugestimmt. Seither können auch berufstätige Mütter ihre Kinder persönlich in den Kindergarten bringen. Im Gegenzug wurden die Öffnungszeiten am Nachmittag eingeschränkt, womit einige Eltern nicht einverstanden waren. In einem Gespräch haben sich die Erzieherinnen nun bereit erklärt, die Kindergärten an einem weiteren Nachmittag zu öffnen. Darüber müssen in der kommenden Woche die Elternbeiräte entscheiden.

In der folgenden Meldung wird im Leadsatz eine Behauptung aufgestellt, die im Verlauf der Meldung nicht belegt oder erläutert wird:

> *Mutheim:* Der Mutheimer CDU-Landtagsabgeordnete Frank Heitrop **ist als Nachfolger** von Anton Graf **im Gespräch.** Der CDU-Landeschef hatte gestern angekündigt, dass er den Fraktionsvorsitz bereits im Januar abgeben werde. Eine Vorentscheidung für die Spitzenkandidatur bei der kommenden Landtagswahl sei damit nicht verbunden. Heitrop wurde zuletzt als Mutheimer Direktkandidat in den Landtag gewählt und ist bildungspolitischer Sprecher der Fraktion.

▶   Keine falschen Fährten legen

Der Leadsatz soll aufmerksam machen. Das darf aber nicht dadurch geschehen, dass ein Sachverhalt zunächst sensationeller oder skurriler dargestellt wird als er wirklich ist. Auch Doppeldeutigkeiten gehören nicht in die Nachrichten (auch wenn sie noch so nett klingen mögen):

> *Spicker:* Unbekannte Täter haben einem Zebra den Schwanz abgebrochen. Das Plastiktier namens „Gunnar" steht vor dem „Historischen Museum des Oberlandes" und wirbt für die Sonderausstellung zur ZDF-Kinderserie „Tivi". Gunnars Schwanz legten die Täter auf eine Verkehrsinsel. Die Polizei sucht Zeugen, die die Zebrabeschädigung beobachtet haben.

Der Leadsatz hat wahrscheinlich Tierfreunde aufhorchen lassen, die sich danach freilich wieder beruhigt haben dürften.

9.4   Meldungen logisch und einfach aufbauen

In der Zeitung kann man schwer verständliche Meldungen noch mal lesen, um Abläufe, Zusammenhänge etc. zu verstehen. Die Hörer müssen eine Meldung auf Anhieb begreifen. Deshalb sind einfache Formulierungen und eine klare Gliederung für die Radionachrichten besonders wichtig. Wenn der Sinn eines Satzes erst klar wird, nachdem man auch den nächsten oder gar übernächsten gehört hat, ist die Meldung falsch aufgebaut!

Die wichtigste Botschaft wird im Leadsatz zusammengefasst, dann folgen Quelle, Einzelheiten und Hintergründe. Eine längere Meldung lässt sich im Idealfall Satz für Satz von hinten her kürzen.

▶   Ver- statt umständlich formulieren

Gerade bei komplizierten Zusammenhängen ist es wichtig, das Wesentliche in einfachen Sätzen zu erläutern. Die folgende Meldung hat vermutlich die meisten Hörer überfordert:

> *Waldstatt:* Wie heute bekannt wurde, steht der Waldstatter Mobilitätskonzern TC-Holding in Verhandlungen mit dem VW-Konzern, der die Rombach-Gruppe in Hamburg veräußern will. Es handelt sich bei ihr um den größten deutschen VW- und Audi-Händler mit 16 Betrieben und einem Jahresumsatz von zuletzt 350 Millionen Euro. Für die TC-Holding wäre dies ein gelungener Coup. Denn sie könnte damit ihre Angebotspalette noch einmal vergrößern, nachdem bereits Marken wie Fiat oder Hyundai oder Namen wie Jaguar und Aston Martin zu ihr gehören. Kernstück ist bisher die Elbgarage, nach eigenen Angaben der größte Fordhändler der Welt. Fritz Roth, Sprecher des VW-Konzerns, bestätigte heute die Verkaufsverhandlungen.

Alles klar? Wahrscheinlich hätte genügt: „*Waldstatt:* Der Fahrzeugkonzern TC-Holding will die Hamburger Rombach-Gruppe kaufen. Das bestätigte heute ein Sprecher von VW. Die Rombach-Gruppe ist mit einen Jahresumsatz von 350 Mio. € der größte deutsche VW- und Audihändler. Zur TC-Holding gehören bereits zahlreiche Markenhändler, darunter auch die Elbgarage, die nach eigenen Angaben der weltweit größte Fordhändler ist."

Selbst diese abgespeckte Version enthält allerdings noch verwirrend viele Namen und sollte weiter entrümpelt werden.

Kaum ein Hörer wird die folgende Meldung einordnen können:

> *Krenzingen-Bobach:* Der Gemeinde-Verwaltungs-Verband Krenzingen-Bobach will heute durch eine Satzungsänderung verhindern, dass die Krenzinger Bürgermeisterin Adelheid Mundt stellvertretende Vorsitzende wird. Heute Abend wird der Bobacher Bürgermeister Franz Mark zum ersten Vorsitzenden gewählt. Die bisherige Vorsitzende Mundt müsste laut Satzung zu Marks Stellvertreterin gewählt werden. Da die Gemeinderäte von Oderhausen und Krenzingen es jedoch bereits abgelehnt haben, Frau Mundt aufgrund ihrer krankheitsbedingten Ausfälle als Stellvertreterin zu akzeptieren, wurde der Tagesordnungspunkt „Wahl der Stellvertreterin" kurzerhand abgesetzt.

Einfacher zu verstehen wäre diese Meldung: „Die Krenzinger Bürgermeisterin Mundt wird heute nicht zur stellvertretenden Vorsitzenden des Gemeinde-Verwaltungs-Verband Krenzingen-Bobach gewählt. Der Bobacher Bürgermeister Mark soll am Abend Verbandsvorsitzender werden, die Wahl der Stellvertreterin wurde aber von der Tagesordnung gestrichen. Die Gemeinderäte aus Oderhausen und Krenzingen werfen Mundt vor, zu oft krank zu sein. Sie wollen die Satzung des Verbandes ändern, um die Wahl Mundts zu verhindern."

Auch das nächste Beispiel wird kaum jemand auf Anhieb verstehen:

Gotheide: Die Gotheider Müllofenbetreiber Mykene Kraftwerke haben offenbar das Tauziehen um einen Großauftrag des Zweckverbandes Hochtann verloren. Der Zweckverband möchte nach der jüngsten Entscheidung den Haus- und Gewerbemüll nicht in der Gotheider Verbrennungsanlage entsorgen. Ein Angebot des Mitbewerbers aus Siegbronn sei finanziell attraktiver, hieß es aus Kreisen des Zentralverbandes. Der Müllofen in Siegbronn muss allerdings erst noch gebaut werden.

Kürzer und klarer wäre:

„Der Haus- und Gewerbemüll aus der Region Hochtann wird nicht in der Gotheider Müllverbrennungsanlage entsorgt. Der Zweckverband Hochtann will ein kostengünstigeres Angebot aus Siegbronn annehmen und den Müll dort verbrennen lassen. Die Anlage in Siegbronn muss allerdings erst noch gebaut werden.“

Manchmal werden auch Formulierungen aus Pressemitteilungen einfach übernommen, ohne sie für den Laien verständlich zu erklären:

… Bahnverkehr gestört … Blitzeinschlag die Signalanlagen lahmgelegt. … Ein DB-Sprecher erklärte, alle Personenzüge könnten deshalb nur langsam auf Befehl fahren.

Die Formulierung *„könnten deshalb nur langsam auf Befehl fahren“* stammt höchstwahrscheinlich aus der Feder des Bahnpressesprechers und muss erläutert werden.

▷   Keine Gedankensprünge

Die Sinneinheiten einer Meldung müssen logisch aufeinander aufbauen. Zusammenhänge müssen erläutert werden:

Waid: Der Gemeinderat von Waid hat am Montagabend eine Mautgebühr für Kieslaster auf der Ortsdurchfahrt durch den Ortsteil Kappel beschlossen. Danach wird ein Strafzoll von 75 Euro fällig, wenn ein LKW auf der Straße gesehen wird. Ein Kiesunternehmen hatte diesen Vorschlag gemacht, um eine Abbaugenehmigung zu erhalten. Der ursprünglich vorgesehene Bau einer Privatstraße war der Firma zu teuer. Ob die Regelung Bestand hat, ist fraglich, weil Straßengebühren in den Landesgesetzen nicht vorgesehen sind.

Es ist schwierig, den eigentlichen Hintergrund zu begreifen. Wie hängen Maut, nicht gebaute Privatstraße und Abbaugenehmigung zusammen? Außerdem sind Maut und Strafzoll zwei unterschiedliche Dinge. Einfacher zu verstehen wäre:

„Der Gemeinderat hat eine Gebühr von 75 Euro für jeden Kieslaster beschlossen, der durch den Ortsteil Kappel fährt. Im Gegenzug darf ein ortsansässiges Kiesunternehmen weiter Kies abbauen, ohne eine private Zufahrtsstraße bauen zu müssen. Ob die Regelung Bestand hat, …“

Auch in der folgenden Meldung steckt ein Gedankensprung:

Osthorn: Der Betriebsrat der Firma Rund-Druck hat vor dem Arbeitsgericht Klage eingereicht, dass Überstunden und Sonntagsarbeit von der Arbeitnehmervertretung genehmigt werden müssen. Seit kurzem ist bekannt, dass rund 150 Arbeitsplätze akut gefährdet sind.

Der Zusammenhang von möglichem Arbeitsplatzbau und Überstunden müsste in einem kurzen Satz erläutert werden. (Außerdem kann man höchstens Klage einreichen, „um zu erreichen, dass …")

Wenn mehrere Ereignisse zusammenhängen, muss das erläutert werden:

Haarburg: Der Verbandsgemeinderat Haarburg hat am Abend gegen die Stimmen der SPD-Fraktion eine vorgezogene Wahl des Bürgermeisters beschlossen. Der Nachfolger des amtierenden Verbandsbürgermeisters Günther Blau soll jetzt parallel zur kommenden Landtagswahl gewählt werden. Bei der nächsten Kreistagssitzung soll dem designierten Landrat Günther Blau bereits die Ernennungsurkunde überreicht werden. Mit diesem Schritt wäre der Weg für eine vorgezogene Wahl frei.

In dieser Meldung mussten sich die Hörer selbst zusammen reimen, dass Bürgermeister Blau auf den Posten des Landrats wechselt und deshalb ein neuer Bürgermeister her muss. Der (oder die) kann allerdings erst gewählt werden, wenn Blau formell sein neues Amt angetreten hat. Die Angabe „… parallel zur nächsten Landtagswahl gewählt werden" macht die Sache noch komplizierter.

Im folgenden Fall muss der Hörer kombinieren, dass die Regenrinnen aus Kupfer waren und sich deshalb der „Kupferdiebstahl" auf die geklauten Regenrinnen bezieht:

Hagenprobst/Schaukirchen: Die Polizei hat die Kupferdiebstähle der vergangenen drei Wochen aufgeklärt. Sie konnte zwei 21 und 22 Jahre alte Männer ermitteln. … haben den Diebstahl der Regenrinnen an den Kirchen mittlerweile gestanden.

▶   Richtige und eindeutige Bezüge

Falsche oder unklare Bezüge können bewirken, dass eine eigentlich einfache Meldung schwer verständlich wird:

Bad Luhr: Die Firma Bader GmbH in Bad Luhr wird bis zum Juli alle Mitarbeiter entlassen. Das Unternehmen hatte Jeans der Marken Levis und Mustang gewaschen und gebügelt. Nach Zeitungsberichten blieben zunächst die Aufträge des amerikanischen Unternehmens aus, dann wurde die Mustang-Näherei im benachbarten Rothenfels **geschlossen**. Von der **Schließung** sind 240 Mitarbeiter betroffen.

Besser wäre gewesen: „Die Firma Bader wird bis zum Juli alle 240 Mitarbeiter entlassen. …" Dadurch kann der missverständliche letzte Satz entfallen (es ging nicht
um 240 Mitarbeiter in Rothenfels).

Ähnliches gilt für diese Meldung:

> *Bostel:* Die Sparkasse Bostel muss einem Ehepaar 40.000 Euro ersetzen, die ein EC-
> Karten-Betrüger von ihrem Konto abgehoben hatte. Das hat das Landgericht ent-
> schieden. Der **Kunde** hatte in vier Filialen der Sparkasse die gestohlene Scheckkarte
> und den Personalausweis vorgelegt und jeweils 10.000 Euro ausbezahlt bekommen,
> und zwar ohne besondere Sicherheitsprüfung. Weil die Unterschrift des Täters mit
> der des **Kunden** keinerlei Ähnlichkeit hat und …

Die Meldung wäre verständlich, wenn mit dem Begriff „Kunde" nicht einmal der
Dieb und das andere Mal die Bestohlenen gemeint wären.

Falsche Bezüge können auch unfreiwillig komisch werden:

> … Trotz einer Vollbremsung wurde der Fußgänger von dem Wagen erfasst.

Demnach hätte der Fußgänger vergeblich eine Vollbremsung hingelegt. Genauso
verwirrend:

> *Ohlsen:* **Beim Rückwärtsfahren aus der Garage ist am Mittag ein Jugendlicher
> lebensgefährlich verletzt worden.** Nach Angaben der Polizei war der 14-Jährige sei-
> ner Mutter ins Auto gelaufen. …

Nach dem Leadsatz musste man davon ausgehen, dass der Junge am Steuer saß
und rückwärts gefahren ist. Dieses Missverständnis wird erst im zweiten Satz aus-
geräumt.

Oft entstellen kleine sprachliche Doppeldeutigkeiten den Sinn einer Aussage:

> … wird in sämtlichen **Gebäuden der Stadt** regelmäßig der Energieverbrauch
> kontrolliert.

Gemeint waren in dieser Meldung sämtliche **städtischen Gebäude** – also jene Gebäude, die der Stadt gehören.

Nicht missverständlich aber sprachlich falsch ist die folgende Formulierung:

> … Die **jährliche Zahl** der Geburten …

Gemeint ist „die **Zahl der jährlichen** Geburten". Solche falschen Wortstellungen
sind im Einzelfall natürlich nicht dramatisch, aber mehrere solcher kleinen Fehler

zusammengenommen können den Eindruck schlampiger Sprache erwecken. Auch im folgenden Beispiel stimmt die Zuordnung nicht:

> ... Einsatz von Finanzermittlern ... Die Beamten konnten Sachwerte von rund 250.000 Euro **sicherstellen. Dabei** wurden mutmaßliche Straftäter nach Geldern und Wertsachen **überprüft.**

Die Beamten haben wohl zuerst überprüft und dann „dabei" sichergestellt.

▷ **Klare Sachverhalte, keine Widersprüche**

Meldungen dürfen nicht in sich widersprüchlich sein. Sobald die Hörer über unklare oder widersprüchliche Aussagen ins Grübeln kommen, werden sie zumindest vorübergehend nicht mehr aufmerksam zuhören:

> *Herrheim:* Die konjunkturelle Stimmung im Bereich der Industrie- und Handelskammer hat sich im 2. Quartal gegenüber dem ersten **leicht verbessert.** Mehr als jeder zweite befragte Unternehmer schätzt seine wirtschaftliche Lage als befriedigend ein; 22 % beurteilen sie als gut, ebenso viele als schlecht. Nach IHK-**Angaben hat sich die Stimmung in den Industriebetrieben weiter verschlechtert, im Handel blieb sie dagegen unverändert.**

Der letzte Satz steht im Widerspruch zum ersten Teil der Meldung. Widersprüche enthalten auch die folgenden Beispiele:

> ... Bei dem 28-Jährigen handelt es sich um einen von insgesamt drei Freunden, denen der Angeklagte erzählte, er habe die Leiche in der Badewanne gefunden. Alle drei wurden gestern als Zeugen vernommen. Dabei gab der 28-Jährige an, er könne nichts sagen, weil er sich unter Umständen selbst belaste. **Das bestritten jedoch alle drei Zeugen.** ...

Hat der 28-Jährige seine eigene Befürchtung bestritten?
Widersprüchlich ist auch diese Meldung:

> *Monz:* Bei einem Verkehrsunfall ist am Mittag eine Radfahrerin in der Kobler Straße **schwer verletzt** worden. Laut Polizei kam die Frau aus Richtung ... Die Frau wurde in die Uniklinik eingeliefert. **Die Schwere der Verletzung ist noch nicht bekannt.**

Ist die Frau nun schwer verletzt oder weiß man über die Schwere der Verletzungen noch nichts?

Nach der folgenden Meldung werden sich wahrscheinlich manche Hörer gefragt haben, ab welchem Alter man von „älteren Menschen" spricht:

Tran: Das Bistum sucht jetzt auch **ältere Menschen** für den Friedensdienst im Aus-
land. Sie können 1 bis 2 Jahre in kirchlichen Einrichtungen in Osteuropa oder in
Übersee eingesetzt werden. Der Einsatz wird vom Bundesfamilienministerium als
Modellprojekt gefördert. Bewerben können sich **Menschen ab 27 Jahren.** …

Nachdenklich hat möglicherweise auch diese Meldung gestimmt:

Franktal: Wegen Mordes an einer **Versandhausmitarbeiterin** muss sich von heute an
ein 21-jähriger Mann vor dem Landgericht Franktal verantworten. Er soll **die 79-Jäh-
rige** … erdrosselt haben. …

Ob die Versandhausmitarbeiterin wohl vergessen hatte in Rente zu gehen?

▶   Keine Denksportaufgaben

Wenn sich die Hörer verschiedene Aussagen nicht mehr zusammenreimen können,
werden sie den restlichen Nachrichten nicht mehr konzentriert folgen. Schon mit
geringen Geografiekenntnissen könnten sie bei folgender spätsommerlichen Meldung ins Grübeln geraten:

… werden sich die Weißstörche wieder sammeln und **gen Süden** fliegen. Die meisten
werden **gen Westen** ziehen und in Spanien oder **im Nahen Osten** überwintern.

Auch unterschiedliche Zahlenangaben können verwirren, wenn sie zunächst
scheinbar widersprüchlich sind und nicht sofort sondern erst später oder gar nicht
erläutert werden:

… Arbeiter haben insgesamt **33** Straßenlampen entlang der Stadtbrücke ausgetauscht.
Die Lampen waren 34 Jahre alt und wurden mit dem Bau der Brücke aufgestellt. Die
18 neuen Lampen sind nach Angaben der Stadt energiesparend. 1.400 Euro Energie-
kosten spart die Stadt mit den neuen Leuchten ein. … Trotz der verringerten Anzahl
von Straßenleuchten bleibe die Lichtqualität gleich, sagte ein Sprecher.

▶   Trennen, was nicht zusammen gehört

Meldungen sollten sich möglichst auf **ein** Thema beschränken. Verschiedene Vorgänge dürfen nur dann in einer Meldung zusammengefasst werden, wenn sie wirklich zusammenpassen (z. B. zwei Unfälle auf Autobahnen, mehrere Fußballergeb-

nisse, verschiedene Streikaktionen etc.). Folgende Nachricht hätte zumindest in
zwei Meldungen geteilt werden müssen:

> *Frankenburg/Oltz/Hassel:* Die Chefsessel bei der zentralen Fahndungsstelle zur Auf-
> klärung computergestützter Verbrechen in Frankenburg sowie in den Landratsämtern
> Oltz und Hassel werden heute neu besetzt. In Frankenburg löst der bisherige Ober-
> staatsanwalt Kurt Grimm den Leiter der Fahndungsstelle, Willi Wenden, ab, der Ende
> September in den Ruhestand ging. Der 51jährige Grimm hatte 1992 in einem der
> ersten großen EDV-Prozesse den Serienbriefbetrüger Roll hinter Gitter gebracht. Der
> neue Kreischef beim Landratsamt Oltz heißt Heinz Zweiger. Er folgt dem verstorbe-
> nen Hans-Peter Schwarz nach. In Hassel löst der bisherige Rehninger Bürgermeister
> Bernhard Schultz den langjährigen Landrat Rainer Lupf ab.

Den Amtsantritt der beiden neuen Landräte kann man durchaus in einer Meldung
zusammenfassen. Der neue Chef der Fahndungsstelle hat damit aber nichts zu tun.
Durch die Vermischung der verschiedenen Vorgänge entstand letztlich eine un-
übersichtliche Mammut-Meldung mit drei (!) Spitzmarken sowie vier Orts- und
sieben Personennamen.

9.5   Nur das Wesentliche melden, aber auch nicht weniger

Meldungen sind keine Romane. Zu detaillierte Erklärungen und Schilderungen
verwirren und können schlimmstenfalls lächerlich wirken. Zu viele Einzelheiten
machen es schwer das Wesentliche zu erfassen. Das gilt z. B. wenn Anträge zurück
gewiesen wurden, danach Einspruch gegen die Zurückweisung eingelegt wurde
und schließlich dem Einspruch gegen die Zurückweisung stattgegeben wird. Solche
Aufzählungen mögen chronologisch korrekt sein – aber der Hörer wird sie nicht
verstehen. Deshalb: zusammenfassen und sich auf das Wesentliche beschränken.
Andererseits dürfen wirklich wichtige Fakten nicht einfach weggelassen werden
um eine Meldung kurz zu halten.

> ▶   Auf das Wichtigste beschränken

Gute Redakteure können Wichtiges von Unwichtigem unterscheiden und haben
den Mut das Unwichtige wegzulassen. Das gilt übrigens nicht nur für Meldungen
sondern auch für Korrespondentenberichte. Die folgenden Beispiele enthalten zu
viele nebensächliche Einzelheiten und erschweren so das Wichtige zu verstehen:

> *Oberstadt:* Vor dem Verwaltungsgericht geht es am Donnerstag um die geplante Flur-
> bereinigung in der Kreisgemeinde Loos. Eine Interessengemeinschaft von Getreide-

bauern will die Zusammenlegung von Ackerflächen verhindern. Eine Frau aus den Reihen der Gemeinschaft hat Klage eingereicht. Die Pläne sorgen in der Region für Aufregung. Vor mehr als vier Jahren hatten elf Grundstückseigentümer die Flurbereinigung beantragt. Daraufhin hatte die Kreisverwaltung die Genehmigung für die Gründung einer Aufbaugesellschaft erteilt. Das ist die Voraussetzung für eine Flurbereinigung. Gegen diese Genehmigung richtet sich jetzt die Klage vor dem Verwaltungsgericht. Die Klägerin will die Maßnahme aus wirtschaftlichen Gründen verhindern. Sie befürchtet offenbar, genau wie ihre 122 Mitstreiter, durch die Verlagerung von Getreideanbauflächen benachteiligt zu werden. Die Mehrheit der Bauern in Loos sei gegen die Flurbereinigung, dem müsse sich die Aufbaugemeinschaft beugen.

Diese Meldung schildert zwar korrekt den Sachverhalt, ist aber schwer verständlich. Vermutlich hätte gereicht:

Oberstadt: Das Verwaltungsgericht in Oberstadt verhandelt heute über die umstrittene Flurbereinigung in Loos. 123 Grundbesitzer wehren sich gegen die mögliche Verlegung ihrer Getreideäcker. Die Flurbereinigung war vor vier Jahren von elf Grundstückseigentümern beantragt worden. Die Mehrheit der Bauern in Loos befürchtet wirtschaftliche Nachteile durch eine Flurbereinigung.

Die folgende Meldung ist deutlich zu lang geraten. Sie enthält viel zu viele Nebensächlichkeiten. (Zudem wird im Leadsatz unnötigerweise ein Fachbegriff eingeführt, den wohl kaum ein Hörer kennt):

Bad Springel: Das Verfahren gegen den Geschäftsführer des Schlachthofes wegen Verstrickungsbruch vor dem Amtsgericht wurde heute eingestellt. Der Mann hatte vergangenen Sommer ein vom Tierarzt beschlagnahmtes Schwein widerrechtlicher Weise aus dem Abfallbehälter genommen. Das Schwein hatte bereits bei seiner Anlieferung zum Schlachthof bewegungslos im Wagen gelegen. Wegen seiner Untertemperatur und Kreislaufschwäche befand der vom Veterinäramt bestellte Tierarzt das Schwein für krank. Eine genauere Diagnose vor Ort war jedoch nicht möglich. Deshalb wurde das Tier beschlagnahmt und wanderte in den Konviskat-Behälter, sprich Mülleimer. Der Landwirt jedoch fürchtete um sein Geld und forderte die Notschlachtung des Tieres. Das Tier sei nicht krank, sondern habe sich erst beim Transport verletzt. Eine Behauptung, die der Tierarzt als nicht erwiesen ansah. Deshalb erstattete er Anzeige, als der Geschäftsführer des Schlachthofs das Schwein trotz Beschlagnahme und nach heftigen Diskussionen wieder aus dem Konviskatsbehälter holte. Er sei sich keiner Schuld bewusst gewesen, sagte vor Gericht der Geschäftsführer des Schlachthofes. Gegen ein Bußgeld von 2.500 Euro stimmte der Staatsanwalt dem vom Richter vorgeschlagenen Vergleich zu.

In diesem Fall hätte die Tatsache gereicht, dass der Geschäftsführer des Schlachthofes 2.500 € zahlen muss, weil er gegen den Willen des Tierarztes ein Schwein schlachten ließ, das als krank eingestuft worden war. Die epische Breite der Meldung zieht die Nachricht ins Lächerliche. Dasselbe gilt auch für das folgende Beispiel:

Eibel: Heribert Richter, der Eibeler Gauobmann des Erzwaldvereins und Eibeler CDU-Stadtrat, ist bei der gestrigen Blaukrautwanderung einem Herzanfall erlegen. Eigentlich hätte der 73jährige Heribert Richter bei der Wanderung auf den 707 Meter hohen Hünerkopf für seine 50. Teilnahme an der Blaukrautwanderung geehrt werden sollen. Doch 200 Meter unterhalb des Gipfels sagte der routinierte Wanderer, er müsse etwas langsamer gehen. Wenige Minuten später brach er zusammen. Rettungshubschrauber und Notarzt konnten dem 73jährigen Kaufmann nicht mehr helfen. Der Kommunalpolitiker Richter stand für Kompromissfähigkeit und Ausgleich über die Fraktionsgrenzen hinweg. Seit 1983 gehörte er für die CDU dem Eibeler Gemeinderat an, einige Jahre führte er die Eibeler CDU. 25 Jahre lang war Richter außerdem der stellvertretende Vorsitzende der Eibeler Gruppe des Erzwaldvereins, 35 Jahre war er Hüttenvogt auf der Eibeler Hütte.

Weder die genauen Einzelheiten der Wanderung noch die Würdigung des Toten („… *stand für Kompromissfähigkeit* …") gehören in diese Meldung.
Viel zu lang ist auch diese Meldung:

Ursfeld: Ein Mann aus Ansperg im Kreis Friedrichsburg ist am Sonntagnachmittag in der Nähe von Burg Sittenfels im Kreis Hellberg von einem Hund gebissen worden. Der 24jährige starb wenig später an den schweren Verletzungen. Wie die Polizei erst heute mitteilte, begegnete der Mann mit seinem Jack-Russel einer Spaziergängerin mit einem Labrador-Rüden. Als die Hunde zu streiten begannen, ging der Mann dazwischen und wurde von dem Labrador direkt in die Halsschlagader gebissen. In Panik flüchtete der Mann in Richtung A 75. Beim Eintreffen der Rettungskräfte war der 24jährige bereits verblutet. Die Polizei in Hellberg geht davon aus, dass der Hund nicht bösartig ist und den Mann nicht bewusst in den Hals beißen wollte. Vielmehr sei von einem tragischen Unglücksfall auszugehen, so die Polizei. Der Hund des Getöteten wird seit dem Vorfall vermisst.

Ausgereicht hätte die Meldung, dass ein 24jähriger Hundebesitzer totgebissen wurde, als er versuchte zwei Hunde zu trennen, die aufeinander losgegangen waren. (Den Hörern wird übrigens auch nicht klar, weshalb *Ursfeld* in der Spitzmarke genannt wurde.)
Oft werden Verkehrsunfälle viel zu detailliert beschrieben. Dabei entstehen Meldungen, die eher an den Text einer Reportage erinnern:

… Der 36-Jährige war aus Hofheide kommend in Richtung Stadtmitte unterwegs, als er aus bisher noch ungeklärter Ursache gegen den rechten Bordstein kam. Von dort aus schleuderte er in den Gegenverkehr und kollidierte mit einem entgegen kommenden PKW. Nach diesem Zusammenstoß schleuderte der Unfallverursacher wieder nach rechts und prallte gegen eine Betonstützmauer. Dabei kippte der Wagen nach links. Er wurde herausgeschleudert und lebensgefährlich am Kopf verletzt. Die 39-jährige Lenkerin des entgegenkommenden Fahrzeugs …

(Das „Er" im vorletzten Satz bezieht sich übrigens auf den Fahrer, nicht auf den umgekippten Wagen)

▶   Nichts Wichtiges weg lassen

Nachrichten sollten so kurz wie möglich aber so lang wie nötig sein. Insbesondere dürfen Erläuterungen nicht weggelassen werden, die zum Verständnis einer Meldung wichtig sind:

> *Neapel/Herrbach:* Gegen den ehemaligen städtischen Baudirektor Hans Übel aus Herrbach soll am 17. Juni in Neapel ein Verfahren eröffnet werden. Das hat heute in Neapel der Richter in der Vorverhandlung entschieden. Hans Übel soll sich für den Tod von vier Geistlichen in Montana in der Nähe von Neapel im Oktober 1943 verantworten.

Herr Übel war 1943 sicher nicht als Herrbacher Baudirektor in Montana. Deshalb muss noch ein erklärender Satz her.

Namen sind oft verzichtbar – aber nicht, wenn von Personen die Rede ist, die grade in ein öffentliches Amt gewählt wurden:

> *Lochstadt:* Der Gemeinderat von Lochstadt hat gestern Abend in einer nicht öffentlichen Sitzung einen neuen städtischen Wirtschaftsförderer gewählt. **Der Mann** kommt aus Düsseldorf und arbeitet derzeit ebenfalls als Wirtschaftsförderer für eine andere Gemeinde. 53 Frauen und Männer hatten sich nach der Ausschreibung auf die Stelle beworben. Der Gemeinderat entschied gestern Abend nach einer Vorauswahl zwischen den letzten drei Kandidaten.

Für die Hörer ist das Prozedere mit Vorauswahl und nicht öffentlicher Sitzung ziemlich uninteressant. Wichtig wären aber die Namen des Mannes und der „anderen Gemeinde" gewesen, wo er derzeit arbeitet.

▶   Nichts hinzu„dichten"

Fast immer müssen Pressemitteilungen umgeschrieben, Fachbegriffe erläutert oder Zusammenhänge erklärt werden. Dabei schleichen sich allerdings auch zuweilen unzulässige Interpretationen ein. Wenn z. B. aus einem Mann und einer Frau ein „Paar" wird, kann das schon zu weit gehen – erst recht, wenn der Redakteur sogar ein „Ehepaar" daraus macht.

Oft drängen sich scheinbar eindeutige Erklärungen oder Zusammenhänge auf. Vorsicht, wenn etwa ein Autofahrer einen Unfall verursacht und die Polizei mitteilt, er sei zu schnell gefahren. Der Redakteur darf daraus nicht einfach schlussfolgern: „... *Unfall verursacht, weil er zu schnell* ...".

Solche voreilig formulierten Bezüge kommen oft vor und fallen selten auf. Sie
können aber Meldungen verfälschen:
   So stand es in der Pressemitteilung: „… Der Umsatz stieg erneut und erreichte
2,1 Mrd. € gegenüber 1,75 Mrd. im Vorjahr. …". Daraus wurde in der Meldung: „…
*überstieg der Umsatz im vergangenen Jahr erstmals die Grenze von zwei Milliarden
Euro. …".*
   Das war gut gemeint und sprachlich elegant formuliert, inhaltlich aber leider
überinterpretiert. Der Redakteur hatte stillschweigend stetiges Wachstum in den
vergangenen Jahren vorausgesetzt. In Wirklichkeit hatte der Umsatz der Firma fünf
Jahre zuvor schon einmal deutlich über zwei Milliarden gelegen.

▷ Doppelungen vermeiden

Wiederholungen sind nur sinnvoll, wenn sie den Hörern erleichtern, komplizierte
Meldungen zu verstehen. Andernfalls verlängern sie eine Meldung nur unnötig:

> *Wolk:* Die **Personalräte der Studentenwerke** des Landes haben das neue Studenten-
> werksgesetz kritisiert. Die Gesetzreform **verschlechtere die soziale Betreuung der
> Studenten**, anstatt sie zu verbessern. Nicht nur um die traditionsreiche Unabhängig-
> keit der Studentenwerke sorgen sich **die Personalräte der acht Studentenwerke**, son-
> dern **auch um die soziale Betreuung der Studenten**. Das neue Gesetz …

Das Wörtchen „acht" lässt sich in der ersten Zeile unterbringen. Dann ist der 3. Satz
völlig überflüssig (mitsamt dem Wort „*traditionsreich*", mit dem hier wohl „traditionell" gemeint war).
   Manchmal können scheinbare Dopplungen auch verwirren:

> *Labfeld:* Ein 36jähriger Autofahrer ist gestern Nachmittag bei einem Verkehrsunfall
> in Labfeld noch an der Unfallstelle gestorben. Er war aus **ungeklärter** Ursache von
> der Fahrbahn abgekommen und gegen ein massives Stahltor geprallt. **Ob der Tod des
> Mannes mit dem Unfall zusammenhängt, ist noch nicht geklärt**, die Ermittlungen
> der Polizei dauern an.

Entweder sind die Unfallursache und die Art der tödlichen Verletzungen noch
nicht geklärt, dann reicht „aus ungeklärter Ursache" – oder der Mann starb womöglich gar nicht an dem Unfall, dann muss der geheimnisvolle letzte Satz näher
erläutert werden.

▷ Orts- und Personennamen wiederholen

Oft bekommen Hörer die Spitzmarke zu Beginn einer Meldung oder die Ortsnennung im ersten Satz nicht mit. Der Rest der Meldung ist dann nur schwer einzuord-

nen. Im schlimmsten Fall gibt es in der gesamten Nachricht keinen weiteren Hinweis mehr auf den Ort des Geschehens – damit wird die Meldung für den Hörer wertlos. Das lässt sich einfach vermeiden, wenn im Text noch einmal ein Ortsbezug hergestellt wird.

Ähnliches gilt für Namen. Wenn in einer Meldung eine Person eine wichtige Rolle spielt, sollte ihr Namen nicht nur einmal zu Beginn der Meldung auftauchen, sondern gegen Ende hin noch einmal wiederholt werden.

▷   Die Quelle nennen

Bei den Weltnachrichten stützen sich die meisten Meldungen auf mehrere Quellen (z. B. verschiedene Agenturen). Dann wird in der Regel keine Quelle genannt. Regionalnachrichten gehen oft auf nur eine Quelle zurück (Polizeibericht, Pressemitteilung, Landesdienst von dpa, Zeitungsmeldung etc.). In diesen Fällen sollte die Quelle angeführt werden („… laut Polizeibericht …", „teilte die Polizei mit", „… nach eigenen Angaben …", „… berichtet die XY-Zeitung", „… sagte gegenüber …" etc.). Bei routinemäßigen Unfallberichten muss allerdings nicht jedes Mal ausdrücklich der Polizeibericht als Quelle genannt werden.

Selbst (oder von Sender-Kollegen) recherchierte Meldungen können unter der Quelle „Sender XY" oder „Welle AB" laufen („nach Informationen des XY-Senders …", „… sagte gegenüber der AB-Welle …"). Peinlich wird es allerdings, wenn der eigene Sender als Quelle angegeben wird, obwohl die Meldung von einer Zeitung ausgegraben wurde und die eigene Recherche nur das bestätigt, was bereits in dieser Zeitung steht.

Auf keinen Fall darf die Quelle weggelassen und durch eine Formulierung wie „… *hieß es*" oder „*Berichten zufolge soll* …" ersetzt werden:

Streif: 18 neue Kollegen haben ihren Dienst nach ihrer Ausbildung in der Laufbahn des gehobenen Dienstes angetreten. Sie werden die Mannschaften in den Revieren Lauf, Herbingen und Wiesel verstärken. Mehr Beamte werden dadurch allerdings nicht im Einsatz sein. Die neuen Kollegen treten vielmehr die Nachfolge von Polizeibeamten an, die in andere Dienststellen versetzt wurden, **heißt es**.

Noch schlimmer ist, wenn jemand in indirekter Rede zitiert aber nicht genannt wird:

Oberheide: Die Gemeinde muss rund 10 Millionen Euro in die Regenwasserkanalisation investieren. Das Netz sei marode und müsse dringend saniert werden. Bei starkem Regen würden Keller aufgrund der defekten Leitungen volllaufen. Eine Ausschreibung zu den ersten Bauarbeiten soll schon in den kommenden Monaten erfolgen. Mit den ersten Bauarbeiten könne dann schon im September begonnen werden. … Es könne sein, dass auch die Bürger durch eine Regenwasserabgabe zur Kasse gebeten werden. Auch eine Privatisierung des Netzes sei denkbar.

▶   Vorsicht bei der Nennung von Namen

Oft werden in Meldungen Namen genannt. Meist unproblematisch ist, wenn über Politiker, Sportler, Künstler, Manager, kirchliche Würdenträger o. ä. berichtet wird. Dann wird ihr Name selbstverständlich angegeben. „Personen des öffentlichen Lebens" können sich in der Regel nicht auf den Schutz ihrer Privatsphäre berufen, wenn über Vorfälle oder Äußerungen berichtet wird, die in irgendeinem Zusammenhang mit Ihrer öffentlichen Rolle stehen. Das gilt auch im Zusammenhang mit Straftaten, Gerichtsverfahren oder Skandalen.

Dagegen dürfen unbekannte Privatpersonen normalerweise nicht namentlich genannt werden – insbesondere nicht, solange ihre Rolle in einem Skandal nicht unumstritten klar ist, gegen sie ermittelt wird oder sie vor Gericht stehen (und noch kein Urteil gesprochen ist). Generell gilt: je gravierender eine Tat und je bekannter die Person, desto eher darf der Name genannt werden. Darüber muss im Zweifelsfall die Redaktion entscheiden.

Auf keinen Fall darf der volle Name jugendlicher Straftäter publiziert werden. Allenfalls darf der Vorname genannt werden. Ausgesprochen ärgerlich ist die Unsitte, den Vornamen samt Kürzel für den Nachnamen zu verwenden. Tim K. und Regina S. haben in den Nachrichten nichts verloren – auch wenn sich viele Redaktionen daran nicht halten.

▶   Einheitlich mit Titeln und Vornamen umgehen

Die Programme gehen unterschiedlich mit Titeln und Vornamen um. Allerdings sollten sich die Regionalprogramme innerhalb einer Welle auf gemeinsame Standards einigen. Eine Möglichkeit: Vornamen werden nur beim ersten Mal genannt. Sie entfallen grundsätzlich, wenn davor ein Titel oder eine Amtsbezeichnung steht. Also nicht „... *die Parteivorsitzende Regina Schwesterle"*, sondern nur „die Parteivorsitzende Schwesterle".

Titel sollten nur genannt werden, wenn der akademische Grad wie eine Berufsbezeichnung empfunden wird (also in der Regel „Dr." bei Medizinern und „Prof." bei Hochschulprofessoren).

▶   Vorsicht Werbung

Bei Berichten über Feste, Firmenjubiläen, Buchvorstellungen oder ähnliche Veranstaltungen darf keine Werbesprache einreißen. *„Faszinierende Aufführungen"* oder der *„neue lichtdurchflutete kundenfreundliche Eingangsbereich"* sollte Webetextern überlassen bleiben. Leider zeigt die Praxis, dass Redakteure oft gedankenlos werbliche Aussagen aus Pressemitteilungen unverändert in eine Meldung übernehmen:

… Ein **buntes Rahmenprogramm** erwartet die Besucher.

Ebenkirchen: Der **bekannte** Fernseh-Meteorologe Oskar Plattenmann hält heute in der Rundsporthalle einen Vortrag zum Thema „Wilde Wetterwelt". Auf Einladung der Sparkasse wird Plattenmann **auf unterhaltsame Weise** Wetterphänomene erklären und die Möglichkeiten und Grenzen von Wettervorhersagen aufzeigen. Die Veranstaltung beginnt um 19.30 Uhr. Der Eintritt ist frei.

Zirkus**legende** gastiert in Eisenhau –
Der Circus Timo Darum beginnt heute auf den Gerstenmüllerwiesen seine diesjährige Tour durch das Land. In den kommenden vier Monaten wird das **Traditions**unternehmen in 13 Städten zu Gast sein. Der Name Darum **steht seit Jahrzehnten für deutsche Zirkustradition mit spektakulären Dressurnummern und internationalen Stars in der Manege.** Die erste Vorführung beginnt heute um 16 Uhr.

… Pferdefans bekommen für die Tageskarte nicht nur **Reitsport der Extraklasse** sondern auch ein **tolles** Unterhaltungsprogramm geboten …

Monz: Das Staatstheater **setzt seine Erfolgsserie fort.** Die Geschäftsführung ist mit der vergangenen Spielzeit sehr zufrieden. Rund 228 Tausend Zuschauer sahen …

Brockheim: … Bürgermeisterwahlen … Boris Aita ist der vierte Kandidat – ein Parteiloser, **der sich vorwiegend für soziale Themen einsetzt.**

Menzen: Das Angebot an Wein- und Käseerlebnistouren entlang der Wanderrouten im Goldwald wird **noch vielfältiger.** …

Auch Markennamen können in den Nachrichten werblich wirken. Deshalb sollten sie nur genannt werden, wenn es dafür einen überzeugenden redaktionellen Grund gibt- wenn also z. B. die Stiftung Warentest eine bestimmte Schokolade kritisiert, die betroffene Firma vor Gericht zieht und die Warentester dazu verurteilt werden, ihre Kritik nicht zu wiederholen. In diesem Fall muss der Name der Schokolade natürlich genannt werden.

9.6   Wie lang darf eine Meldung sein?

Regelungen für die Obergrenzen bei der Länge von Meldungen und Korrespondentenberichten sind sinnvoll. Normalerweise genügen drei bis zehn Zeilen für eine Meldung und 30 bis 50 Sekunden für einen KB. Es muss **in Ausnahmefällen** aber möglich sein, einen KB auch eine Minute lang oder eine Meldung 14 Zeilen lang zu machen, wenn das notwendig ist, um einen Sachverhalt angemessen zu erklären. Solche Ausnahmen müssen möglich sein, sonst wird jede Flexibilität erstickt. Das wäre langfristig verheerend – auch wenn manchmal verständliches Misstrauen gegenüber Kollegen dahinter steckt („wenn ich das einmal durchgehen lasse, bekomme ich immer zu lange KBs".)

Nachrichten sind nur sinnvoll, wenn die Hörer sie verstehen. Deshalb sollte möglichst alles vermieden werden, was Meldungen schwerer verständlich macht. Dazu gehören z. B. Schachtelsätze und Infinitivkonstruktionen, Sätze im Passiv, doppelte Verneinungen, unnötige Substantivierungen, Fremdworte und Fachbegriffe.

10.1 Der Satzbau

Meldungen müssen logisch aufgebaut sein (vgl. 9.4). Dasselbe gilt für jeden einzelnen Satz. Daraus ergeben sich die wichtigsten Regeln für den Satzbau: Lange Sätze möglichst teilen; Sätze nicht mit einem Nebensatz beginnen; sprachliche Schnörkel vermeiden. Allerdings: Immer nur superkurze Sätze können hektisch wirken, deshalb ruhig auch in der Satzlänge abwechseln. Nebensätze sind nicht per se schlecht. Sie können durchaus auch wichtige Inhalte transportieren. Der weitverbreitete Satz: „Hauptsachen gehören in Hauptsätze, Nebensachen in Nebensätze" klingt zwar gut, trifft inhaltlich aber nicht immer zu.

▷   Nicht mit Nebensätzen beginnen

„Weil", „nachdem" oder „obwohl" gehören nicht an den Satzanfang. Wer mit einem Nebensatz beginnt, macht automatisch längere und damit schwerer verständliche Sätze. Das ist vor allem bei Leadsätzen verheerend. Fast immer lassen sich solche Satzungetüme auflösen und in kürzere Sätze zerlegen:

Dotzwald: Nachdem der Dotzwalder Gemeinderat vor der Sommerpause die Zuschüsse für … gestrichen hatte, hat sich nun eine lange Bewerberliste kleinerer Kultur-Gruppen für die freiwerdenden Mittel gebildet. …

K.-A. Immel, *Regionalnachrichten im Hörfunk*,   71
DOI 10.1007/978-3-658-04893-8_10, © Springer Fachmedien Wiesbaden 2014

Besser wäre: „Viele Kultur-Gruppen in Dotzwald haben städtische Zuschüsse beantragt. Sie bewerben sich um Fördermittel, die freigeworden sind, nachdem der Gemeinderat die Zuschüsse für ... gestrichen hatte."

Boosbach: Weil er andere Verkehrsteilnehmer mit einer Pistole bedroht hat, hat die Polizei einen 30-jährigen Boosbacher vorübergehend festgenommen. Bei einem Streit um die Vorfahrt war der 30-jährige so in Rage geraten, dass er eine Pistole zog und einen Schuss abgab, ...

Warum nicht den Aufmacher-Nebensatz zum Hauptsatz machen? „Ein 30-jähriger Autofahrer aus Boosbach hat andere Verkehrsteilnehmer mit einer Pistole bedroht und dabei einen Schuss abgegeben. Der Mann war offenbar bei einem Streit um die Vorfahrt in Rage geraten. Er wurde vorübergehend festgenommen."
Zum einfachen Satzbau gehört auch, das sinnstiftende Verb so früh wie möglich zu nennen.

Reinburg: Mit einem festlichen Pontifikalgottesdienst im Reinburger Dom und einem Festakt im Bischofshaus mit einigen hundert Vertretern des kirchlichen und öffentlichen Lebens nimmt die Diözese Reinburg am diesjährigen Pfingstfest Abschied von Bischof Osterweller. Der Papst hatte Osterweller ... berufen.

Besser direkt zum Meldungskern vorstoßen: „Die Diözese Reinburg verabschiedet zu Pfingsten ihren Bischof Gerhard Osterweller. An einem festlichen Pontifikalgottesdienst und einem Festakt ... werden einige hundert Vertreter ... teilnehmen. Der Papst hatte Osterweller ... berufen."

▶   Das Prädikat nicht „zerreißen"

Manchmal besteht das Prädikat eines Satzes aus den zwei Teilen eines zusammengesetzten Verbs: „... rückte auf", „... hält Hof", „... stimmt ab", „... fiel auseinander" usw. Wenn so ein Prädikat auseinander gerissen wird, entstehen oft sehr ausgedehnte Satzklammern:

Schließlich **stellte** der LKW-Fahrer seinen Lastwagen trotz des Protestes von Anwohnern und Erzieherinnen direkt vor dem Kindergarten **ab**. ...

Oder: „*... **lehnte** der Gemeinderat nach langer und kontroverser Diskussion schließlich den Antrag der Verwaltung wegen zu hoher Haushaltsrisiken **ab**.*"
In solchen Fällen hilft oft, den Satz einfach umzustellen oder in zwei kürzere Sätze zu zerlegen:
Der LKW-Fahrer stellte seinen Lastwagen direkt vor dem Kindergarten ab, obwohl Anwohner und Erzieherinnen dagegen protestiert hatten.

Oder: „… diskutierte der Gemeinderat lang und kontrovers über die Vorlage der Verwaltung. Schließlich wurde der Antrag wegen zu hoher Haushaltsrisiken abgelehnt."

Im Perfekt und Plusquamperfekt besteht das Prädikat immer aus zwei Teilen: „… hat/hatte … beschlossen", „… ist/war … zurückgetreten", „… hat/hatte … durchsetzen wollen", „… ist/war … verletzt worden". Auch zwischen diese beiden Teile darf nicht zu viel Information gepackt werden:

Nach der Podiumsdiskussion **hat sich** in der anschließenden Diskussion ein Sprecher der Bürgerinitiative unter dem Beifall der meisten Anwesenden gegen den Abriss des denkmalgeschützten Hauses **ausgesprochen**.

In vielen Fällen hilft es, so einen Satz zu entrümpeln (*„in der anschließenden Diskussion"* ist überflüssig) und das Verb vorzuziehen: „Nach der Podiumsdiskussion hat sich ein Sprecher der Bürgerinitiative gegen den Abriss des denkmalgeschützten Hauses ausgesprochen und dafür von den meisten Anwesenden Beifall erhalten." Manchmal kann man das Verb noch weiter vorziehen und den Satz teilen: „… hat sich ein Sprecher der Bürgerinitiative dagegen ausgesprochen, das denkmalgeschützte Haus abzureißen. Dafür erhielt er viel Beifall."

Auch Infinitivkonstruktionen führen oft zu Satzklammern. Fast immer lassen sich solche Infinitive vermeiden (vgl. *Infinitiv-Konstruktionen vermeiden*). Auf jeden Fallen sollten sie entschärft werden:

… **gelang es** den mit über hundert Beamten angetretenen Sicherheitskräften durch den Einsatz von Wasserwerfern und Tränengas, die aufgebrachten Fans beider Vereine **auseinander zu halten**.

Einfacher wäre z. B. gewesen. „Über hundert Polizisten hielten die aufgebrachten Fans beider Vereine auseinander. Dabei setzten die Beamten Wasserwerfer und Tränengas ein." (Die Infinitivkonstruktion ist übrigens nur entstanden, weil die Polizisten die Fans nicht einfach auseinander gehalten haben, sondern weil es ihnen *„gelang, … auseinander zu halten"*. Zu dieser unnötigen Aufblähung (vgl. *Worte nicht aufblasen*)

▷   Vorsicht bei „gemeinschaftlichen Prädikaten"

Zwei völlig unterschiedliche Aussagen in einem Satz dürfen nicht so zusammen gebunden werden, dass nur der zweite Teil ein korrektes Prädikat erhält:

…lädt der Tourismus Service zu der Laufveranstaltung ein. **Neben einer neuen Strecke durch den Neusiedlerkoog habe man außerdem alle Läufe auf einen Tag gelegt**, sagte eine Sprecherin …

… zur Ganztagsschule ausgebaut werden. **Zusätzlich zum Nachmittagsunterricht werde die Turnhalle künftig allen Vereinen zur Nutzung angeboten.**

Ähnliche Fehler gibt es übrigens auch, wenn sich zwei Prädikate ein gemeinsames Subjekt teilen:

> … raste das Auto während der Parade in die Zuschauer und forderte zwei Todesopfer. …

▶   Keine Schachtelsätze

Schachtelsätze lassen sich immer vermeiden, indem man das Verb vorzieht, Relativsätze bildet oder mehrere kurze Sätze formuliert. Mehr als ein Nebensatz pro Satz ist meist unnötig:

> … Das Eisenbahn-Bundesamt hatte, nachdem die Züge aufgrund zahlreicher Pannen aus dem Verkehr gezogen worden waren, die Neigetechnik-Fahrzeuge einzeln überprüft, bevor diese nun nach und nach mit der Einschränkung wieder in Betrieb genommen werden können, dass sie nicht schneller als höchstens 120 Stundenkilometer fahren.

Eigentlich geht es ganz einfach:
… Die Neigetechnik-Züge der Deutschen Bahn werden nach und nach wieder eingesetzt. Sie dürfen allerdings nicht schneller als 120 Stundenkilometer fahren. Nach zahlreichen Pannen in den vergangenen Monaten hatte das Eisenbahn-Bundesamt die Fahrzeuge einzeln überprüft. …
Schachtelkonstruktionen sollten grundsätzlich vermieden werden – auch bei relativ kurzen Sätzen:

> Die Staatsanwaltschaft hat gegen den Mann, der gestern seine Ehefrau getötet hat, Haftbefehl erlassen. …

Auch hier gilt die Grundregel für alle Hörfunktexte: lineares Hören fällt leichter, wenn jede Aussage auf Anhieb verständlich ist. Der erste Satzteil hängt aber zunächst in der Luft, weil das erklärende „Haftbefehl erlassen" erst folgt, nachdem noch der Mord an der Ehefrau eingeschoben wurde. Das lässt sich durch einfaches Vorziehen des Verbs beheben:

> Der Staatsanwalt hat Haftbefehl gegen den Mann erlassen, der gestern seine Ehefrau getötet hat …

▶ Substantivierungen vermeiden

Manchmal lässt sich eine Meldung etwas kürzer fassen, wenn man Substantivierungen verwendet (*„Kürzung durch Verwendung von Substantivierungen"*). Meist ist der Gewinn aber gering und durch schrecklich hölzernes Deutsch erkauft. Außerdem ist „kürzer fassen" kein Wert an sich. Je mehr eine Meldung verdichtet wird, desto konzentrierter muss man zuhören, um sie zu verstehen (sozusagen *„Erzwingung erhöhter Konzentration durch Verdichtung auf Kosten der Verständlichkeit"*):

… Nach Polizeiangaben **besteht** mit hoher Wahrscheinlichkeit **ein Tatzusammenhang** zwischen einigen der verschiedenen Wohnungseinbrüche.
… die verbleibende Restgasmenge **werde einer Untersuchung unterzogen**.
… strebt die **Verbesserung der Kundenfreundlichkeit** an.
… solle eine **positive Ertragsentwicklung** erreicht werden.
… ist der **Austausch der Steuerungstechnik** vorgesehen.
… hat seinen **Einsatz für die Erhöhung der Auszubildendenzahl** angekündigt.
… **stößt auf** breite **Zustimmung**.
… **stärkt die Baumaßnahme die Verbindungsfunktion** zwischen …
… **zieht eine Beteiligung** an der bundesweiten Aktion **in Erwägung**.
… Zwei Tage nach der Brandkatastrophe **gab es bei den Toten eine Steigerung** auf sieben.
… **erhielten** die Angeklagten Geldbußen und **die Ableistung gemeinnütziger Arbeit als Auflage**.
… **auf Expansionskurs gehen**.
… es habe **wegen der Bedrohung durch Einsturzgefahr keine Möglichkeit zum Betreten** des Hauses gegeben.
… nach der **Bestätigung der Rechtmäßigkeit des sofortigen Sammlungsverbots** hat der Vereinsvorsitzende …
… Die **Aufhebung der Suspendierung** bis zur Hauptverhandlung …

In allen Fällen wären Sätze im Verbalstil besser gewesen: „… hängen nach Angaben der Polizei wahrscheinlich zusammen", „… werden untersucht", „… will kundenfreundlicher werden", will den Ertrag steigern" usw.

Oft tappen Redakteure schon mit dem ersten Wort eines Satzes in eine „Substantiv-Falle". Wer einen Satz mit bestimmten Präpositionen („trotz", „wegen", „ungeachtet" etc.) beginnt, landet nahezu zwangsläufig bei Substantivierungen.

Ungeachtet des Anstiegs des LKW-Verkehrs auf die Bundesstraße 123 will der Verkehrsminister kein Fahrverbot …

Tauscht man „ungeachtet" gegen „obwohl" ergibt sich: „Obwohl immer mehr LKW auf die Bundesstraße 123 ausweichen, will der Verkehrsminister kein Fahrverbot …" (Noch besser wäre allerdings den Hauptsatz vorzuziehen.)

Oft gehört aber unnötig sind auch Formulierungen wie: *„Gültigkeit haben"* statt „gelten", *„in Abrede stellen"* statt „bestreiten", *„von großer Bedeutung"* statt „wichtig", *„zum Ausdruck bringen"* statt „sagen" oder „schreiben", *„unter Beweis stellen"* statt

„beweisen" usw. Auch wenn jemand „*seine Bereitschaft erklärt*", sagt er eigentlich bloß, er „sei bereit" … (vgl. *Worte nicht „aufblasen"*)

▷   Aktiv statt Passiv

Aktiv-Formulierungen sind fast immer besser als Passiv-Konstruktionen:

> … dem 47jährigen Angeklagten wird die Beteiligung an einem Raubüberfall in … vorgeworfen….

Besser: „… soll sich an einem Raubmord beteiligt haben. …"

> … sind während des Urlaubs Opfer von Betrügern geworden. Ihnen waren im Urlaub die Konten geplündert worden.

Besser: „… haben während des Urlaubs Betrüger ihre Konten geplündert."

> … Ein älteres Ehepaar konnte im Baggersee bei Hochdorf durch fünf junge Männer vor dem Ertrinken gerettet werden. …

Besser: „Fünf junge Männer haben … gerettet."

> … Die in der Kaiserpfalz gefundene Goldmünze Karls des Großen ist auf ihrer Ausstellungstournee durch Deutschland schon von 45.000 Besuchern besichtigt worden.

Besser: „Schon 45.000 Besucher haben die Goldmünze Karls des Großen besichtigt, die in der Kaiserpfalz gefunden wurde. Die Münze wird auf einer Tournee durch Deutschland in verschiedenen Orten gezeigt."

Entsprechendes gilt für:

> … wurde der ICE-Trasse entlang der Autobahn der Kampf angesagt.
> … ist eine Leiche von der Polizei aufgefunden worden.
> … Fördermittel aus dem Topf des Gemeindefinanzierungsgesetzes werden mit zwei Millionen erwartet.

▷   Nicht doppelt verneinen

Doppelte Verneinungen können fast immer vermieden werden.

> Nicht länger ungeklärt ist das Schicksal der kleinen Martina aus Rechenbach….

„Das Schicksal … ist aufgeklärt." (Noch besser wäre freilich, das „Schicksal" gleich konkret zu benennen: „Die kleine Martina aus Rechenbach ist tot. Die Leiche des seit Tagen vermissten Mädchens … gefunden.")

Unnötig sind auch doppelte Verneinungen wie diese:

… **nicht ungünstig** verlaufen.
… wurde der Gemeinderat von der Bürgerinitiative aufgefordert, die Verhandlungen **nicht länger hinter verschlossenen Türen** zu führen.
… ist **nicht ausgeschlossen.**

Manchmal wird die doppelte Verneinung so übertrieben, dass der Sinn einer Aussage sogar ins Gegenteil verkehrt wird:

… Die Forstämter **warnten** davor, Autos **nicht** auf Gras zu parken. Die heißen Katalysatoren könnten das trocken Gras entzünden.
… **abgelehnt**, sich an den Kosten **nicht** zu beteiligen.

▶   Zitate in direkter Rede deutlich markieren

Nicht immer gelingt es, beim Sprechen Doppelpunkt und Anführungszeichen hörbar zu machen. Wörtliche Zitate müssen deshalb ganz deutlich als solche gekennzeichnet werden.

… Ausstellungsmacherin Ute Raucher bezeichnete vor allem die Konzeption der Ausstellung als einen Schlüssel zum Erfolg: „Wir haben Geschichte zum Anfassen gemacht, Geschichte zum Durchwandern. Das ist eine gute Art, um die Besucher an dieses schwierige Thema …"

Für den Hörer wird wohl nicht sofort klar, wann das Zitat beginnt. Besser wäre:
„… Zur Konzeption sagte Ausstellungsmacherin Ute Raucher wörtlich: „Wir haben … " (vgl. *Vorsicht Anführungszeichen*)"

▶   Infinitiv-Konstruktionen meiden

Infinitiv-Konstruktionen gehören eher in schriftliche Texte. Zum mündlichen Vortragen sind sie selten geeignet. Man kann sie fast immer vermeiden:

Sostadt: CDU, SPD und Grüne im Sostadter Gemeinderat haben gestern bekannt gegeben, gemeinsam einen Verein für ein Kinder- und Jugendtheater **gründen zu wollen.** Iris Knechtel, CDU, Kulturbürgermeisterin, hat unterdessen erklärt, in diesem Verein Mitglied **werden zu wollen.** …

Es geht auch direkt:
CDU, SPD und Grüne im Sostadter Gemeinderat wollen … gründen. Das gaben sie gestern bekannt. Kulturbürgermeisterin Knechtel, CDU, hat angekündigt, sie wolle Mitglied in diesem Verein werden.

(Fürs Sprechen völlig ungeeignet ist übrigens auch die Aneinanderreihung „…
Knechtel, CDU, Kulturbürgermeisterin, …“)
Zuweilen sind Infinitive notwendig, dann können sie jedoch Tücken bergen.
Oft wird das Wörtchen „um“ falsch eingesetzt. Man kann etwas tun, **um** etwas zu
erreichen (Zielsetzung), falsch sind aber Formulierungen wie:

> … nutzte die Gelegenheit, **um** sich schon vorab zu informieren.
> … verpasste die letzte Chance, **um** sich zu qualifizieren.
> … erhielt den Auftrag, **um** das Rathaus zu sanieren.

In diesen Beispielen muss das *„um“* ersatzlos entfallen.

▷   **Das Subjekt „Es“ vermeiden**

Oft führen umständliche Satzkonstruktionen dazu, dass kein konkretes Subjekt
eingesetzt werden kann. Dann muss das Wörtchen *„es“* herhalten:

> … kam **es** zu einer Bombendrohung.…
> … war **es** klar, dass **es** keine schnelle Lösung geben werde. …
> … **es** werde sich nichts an der Höhe der Beihilfen ändern. …
> … ist **es** zu einem Unfall gekommen. …

Ziemlich hölzern klingt auch:

> Das Wetter in der Region: Draußen(!) ist **es** ziemlich kühl. **Es** wird nur kaum wärmer
> als 14 bis 17 Grad. Auch heute Nachmittag bleibt **es** ziemlich frisch. **Es** ziehen auch
> immer wieder dichte Wolken auf. **Es** fällt aber kein Regen. Morgen und übermorgen
> gibt **es** dagegen immer wieder Schauer. **Es** wird aber etwas wärmer.

Sprachlich nicht nur schlecht sondern falsch ist folgende Formulierung:

> *„… Die Staatsanwaltschaft verlangt, dass die besondere Schwere der Schuld fest-
> gestellt wird. Es verhindert, dass der 39-Jährige nach 15 Jahren entlassen werden
> kann.“*(Richtig: „… **Das** verhindert, …“ oder noch besser: „… Das würde bedeu-
> ten, dass der 39-Jährige nicht …“)

▷   **„Der Fahrer prallte gegen einen Baum“**

Vor allem in Verkehrsmeldungen geht die Zuordnung des richtigen Subjektes
manchmal schief. Da überschlägt sich der Fahrer und das Auto verursacht einen
Unfall:

> … kam **der Autofahrer** von der Straße ab und **prallte** gegen einen Baum.

… Fahrerin plötzlich die Kontrolle über den Wagen verlor. **Sie rutschte** zuerst auf die Gegenfahrbahn, dann in den Graben **und überschlug sich** mehrmals.
… **hat ein Autofahrer** etwa 40 Meter der Mittelleitplanke **aufgerissen.** …

Meist hilft in diesen Fällen, wenn man vom „Fahrer und seinem Fahrzeug" spricht:
„… kam **der 18-Jährige mit seinem Fahrzeug** von der Fahrbahn ab…"

In den folgenden Beispielen geht es eindeutig um Fehler des Fahrers (nicht des Fahrzeugs):

… hatte **der LKW** das Stauende offenbar zu spät **bemerkt** …
… **wollte der Kleinlaster** rechts überholen …
… **übersah der PKW** die Signalanlage …

▷   Keine Pseudo-Subjekte

Weit verbreitet sind „unechte" Subjekte:

… ist eine Steigerung zu verzeichnen.
Die Bilanz eines Unfalls … sind eine Tote und ein Schwerverletzter

Manchmal handeln diese Pseudo-Subjekte sogar:

Die Fälle von schwerem Betrug verzeichnen eine steigende Tendenz. …
… selbst ein Warnsignal des Zuges konnte den Zusammenstoß nicht verhindern.
… Elf Einbrüche und Diebstähle im Landkreis haben am Wochenende die Polizei beschäftigt.…
… brachte das Glatteis die Autofahrer zum Verzweifeln.
… das meldet das soeben erschienene statistische Jahrbuch.
… sind die Planungen in eine entscheidende Phase getreten.
… hält der Kampf um das Leben der kleinen Andrea die Bürger in Atem.
… Der Festbeginn hatte in den vergangenen Jahren oft Schlägereien zu verzeichnen.

Solche „handelnden" Subjekte verschleiern oft auf subtile Weise, wer für bestimmte Ereignisse verantwortlich ist. Anschauliche Beispiele liefern vor allem die Wirtschaftsmeldungen. Da explodiert der Ölpreis, leiden die Aktienkurse oder erholt sich der Dax. Die eigentlich Handelnden, also zum Beispiel Ölkonzerne, Aktienhändler oder Spekulanten, bleiben in solchen Formulierungen unerwähnt.
Ähnliches gilt für die Formulierung „… hat sich … ereignet":

Auf der Autobahn bei Ottoburg hat sich ein Verkehrsunfall ereignet. Ein Lastwagen kam von der Fahrbahn ab. Als der Fahrer versuchte …

Das ist deutlich schlechter als gleich zur Sache zu kommen: „Auf der Autobahn bei Ottoburg ist ein Lastwagen von der Fahrbahn abgekommen. Der Fahrer hatte versucht …"

▶ Nicht drum herum reden

Fakten müssen klar benannt werden. Wenn möglich, sollte man ausschließen, dass
eine Aussage unterschiedlich interpretiert werden kann.
Formulierung wie „*im Hinblick auf* ...“ oder „*bezüglich* ...“ stammen in der Regel
aus amtsdeutschen Verlautbarungen. Oft dienen sie dazu, konkrete Zusammenhänge oder Aussagen im Unklaren zu lassen. Das sollten Journalisten nicht mitmachen.

> Im Hinblick auf die Auseinandersetzungen um die geplante Messe, gab der Oberbür-
> germeister zu bedenken, dass die Messegesellschaft immer noch nicht ...

Wenn der OB sich deutlich geäußert hat, kann es z. B. heißen: „Der OB hat die
Messegesellschaft aufgefordert ...“

10.2   Die Wortwahl

Gut aufgebaute Meldungen und einfach konstruierte Sätze sind wichtig. Oft werden
Meldungen aber durch falsche Wortwahl, Fremdworte, schiefe sprachliche Bilder
u.ä. verhunzt. Kaum jemand wird ernst bleiben können und eine Meldung noch
aufmerksam verfolgen, die beginnt: „*Viele gesundheitliche Probleme haben im Darm
ihren Ausgang. Das hat* ...“ Diese Meldung sollte man auf *Herz und Nieren prüfen*,
bevor sie *wie eine Bombe einschlägt* und der Redakteur *an den Pranger gestellt wird.*

▶ Synonyme und Metaphern vermeiden

Jeder Deutschlehrer freut sich, wenn ein Schüler im Aufsatz einen großen Wort-
schatz nachweist, „im Ausdruck abwechselt“ und Synonyme für öfters gebrauch-
te Begriffe verwendet. In den Nachrichten kann das problematisch werden. Um-
schreibungen lösen beim Hörer womöglich Denkprozesse aus. Wenn aus einem
Abgeordneten im nächsten Satz der „Mandatsträger“, dann der „Volksvertreter“
und schließlich der „Parlamentarier“ wird, mag das die sprachliche Vielfalt bereichern – verständlicher wird eine Meldung dadurch nicht. Im Gegenteil. Gleiches
gilt, wenn an einem Unfall „Autos“ beteiligt sind, die Insassen eines „PKW“ verletzt und „Fahrzeuge“ beschädigt werden und schließlich die „Kraftfahrzeuge“ die
Straße blockieren.
   Nachrichtenredakteure verzichten besser auf Synonyme. Für Abwechslung sollten allenfalls persönliche Fürwörter sorgen – so kann aus einer Abgeordneten im
nächsten Satz „sie“ werden. Wenn jemand den Bürgermeister kritisiert, sollte er
„ihm“ etwas unterstellen – nicht „dem Schultes“.

Verwirrend kann auch sein, wenn man versucht in Synonymen zusätzliche Informationen unterzubringen:

> … der **Täter** entkommen. … konnte das Opfer den **Räuber** beschreiben, so dass die Polizei die Verfolgung des **Mannes** aufnahm. Wenig später konnte der **Tunesier** festgenommen werden. Bei der Durchsuchung des **27-Jährigen** fanden die Beamten …

Die fünf Synonyme meinten alle denselben Mann. Das muss sich der Hörer jeweils in Sekundenschnelle klar machen. Aus der Meldung wird übrigens auch nicht klar, ob die Angabe „Tunesier" überhaupt relevant ist. (vgl. *Nationalität oder sozialen Status nur nennen, wenn sie relevant sind*)

Noch beliebter als Synonyme sind Metaphern. Viele Redakteure lieben das Licht am Ende des Tunnels und die Nagelprobe, nehmen auf ihre Kappe und plaudern aus dem Nähkästchen oder werfen Hüte in den Ring, schreiben sich auf ihre Fahnen und stoßen ins gleiche Horn. Sie rudern zurück, wenn sie schlechte Karten haben, treten auf die Kostenbremse und rühren dafür die Werbetrommel.

Sprachbilder und Metaphern tragen nur selten dazu bei, eine Meldung verständlicher zu machen. Nachrichtenredakteure sollten keine lyrischen Meisterwerke anstreben – es könnte lächerlich wirken, wenn *der angesetzte Rotstift grünes Licht erhält, um die Spitze des auf freien Fuß gesetzten Eisbergs in der Lutherstadt auf Hochglanz zu polieren.*

Doch auch weniger abgedroschene Metaphern oder Wortspiele können problematisch sein:

> **Die Leitwährung** beim größten Volksfest der Welt, steigt weiter." (gemeint war der Bierpreis)
> Die Messe steht nach Jahren der Umsatzrekorde **am Scheideweg** …
> Die Arbeitsämter der Region **verspüren ein zaghaftes Frühlingserwachen,** obwohl die Zahl der Arbeitslosen im April …
> **Die Eisenbahner** sind am Nachmittag **auf die Straße gegangen** ….
> **Eiskalt erwischt** wurden heute früh viele Autofahrer. Auf glatten Straßen kam es …
> … **fanden** nur 35 % der Wähler **den Weg** in Wahllokal.

Deplatzierte Metaphern gibt es übrigens nicht nur in den Regionalnachrichten. Das passiert auch großen Nachrichtenagenturen – sogar wenn sie über außerirdische Ereignisse berichten. Ein hübsches Beispiel (über den kontrollierten Absturz der beiden Forschungssatelliten „Ebb" und „Flow" auf dem Mond):

> *Pasadena*: Zwei Sonden der US-Raumfahrtbehörde NASA haben auf dem Nordpol des Mondes **ihre letzte Ruhestätte gefunden.** Die Zwillingssonden „Ebb" und …

Abwechslung bei der Wortwahl mag manchmal sinnvoll sein, doch Synonyme wie *„die Barockstadt", „die Rosenstadt", „die Rattenfängerstadt", „die Domstadt", „die*

Stormstadt" u. ä. wirken aufgesetzt und haben in den Nachrichten nichts verloren. Auch *„edle Tropfen"* oder *„Floriansjünger"* gehören nicht in die Nachrichten. Unsere berühmten Sportidole, *„die Brühlerin"* und *„der Leimener"* kommen inzwischen kaum noch vor, nachdem sie ihre Tennisschläger längst *„an den Nagel gehängt"* haben. Dafür würde *„der Heppenheimer"* seine Formel-1-Konkurrenten gern *„in Grund und Boden" fahren* – so wie der *„Kerpener"* das früher gemacht hat. Neue VIPs mit anderen Wohn- oder Geburtsorten werden folgen, auch sie sollten in den Nachrichten einfach mit Namen genannt und nicht „metaphorisiert" werden.

Viele Metaphern sind interpretationsfähig und vernebeln deshalb die Fakten:

… hat grünes Licht für eine Koalition der Vernunft gegeben.

Heißt das, die Koalitionsverhandlungen beginnen oder sind erste Vorbedingungen erfüllt oder ist der Koalitionsvertrag unterzeichnet? (Davon abgesehen: was ist eine *„Koalition der Vernunft"*?)

… Das Projekt ist jetzt planerisch in trockenen Tüchern.

Sind die Planungen abgeschlossen? Wurde über die Pläne abgestimmt? Sind die Pläne genehmigt worden?

In Abb. 10.1 ist eine Auswahl beliebter Metaphern zusammengestellt, die allesamt aus Nachrichten stammen, aber oft nicht nachrichtentauglich (und sehr oft unscharf oder wertend) sind.

▶   Sparsam mit Adjektiven umgehen

Adjektive machen einen Begriff oft anschaulicher. In den Nachrichten sollten sie aber nicht zu oft eingesetzt werden:

*„… Der Fahrer erlag am Abend seinen **schweren** Verletzungen"* (an leichten Verletzungen wäre er wohl nicht gestorben).

*„… äußerte der Minister die **feste** Überzeugung …"* (woher wissen wir, wie überzeugt der Minister wirklich ist?)

Besonders vorsichtig sollte man bei schwülstigen Adjektiven sein (vgl. auch *Worte nicht „aufblasen"*):

… hatte **flehentlich** gebeten …
… die **schicksalsschwere** Entscheidung …
… die **fieberhafte** Suche …
… **sintflutartige** Regenfälle …
… **hermetisch** abriegeln …

A
- das A und O
- keinen Abbruch tun
- auf der Abschussliste stehen
- jmdn. aufs Abstellgleis schieben
- die Abstimmung mit den Füßen
- durch Abwesenheit glänzen
- auf der Agenda stehen
- etwas zu den Akten legen
- sich aufs Altenteil zurückziehen
- die Ampel auf Rot/Grün stellen
- von Amts wegen
- der Amtsschimmel
- nichts anbrennen lassen
- den Anschluss verpasst haben
- in den sauren Apfel beißen
- jmdm. unter die Arme greifen
- ein Armutszeugnis ausstellen
- jmdn. in Atem halten
- im gleichen Atemzug
- das Auge des Gesetzes
- seinen Augen nicht trauen
- das Augenmerk auf etwas lenken

B
- auf die lange Bank schieben
- das Bad in der Menge
- auf die schiefe Bahn geraten
- großer Bahnhof
- der Balanceakt
- sich bedeckt halten
- auf wackligen Beinen stehen
- über den Berg sein
- die traurige Berühmtheit
- die schöne Bescherung
- unter Beschuss geraten
- mit eisernem Besen kehren
- ans Bett gefesselt sein
- das Bett hüten müssen
- von der Bildfläche verschwinden
- kein Blatt vor den Mund nehmen
- das Blatt hat sich gewendet
- den Boden für etwas bereiten
- auf fruchtbaren Boden fallen
- etwas aus dem Boden stampfen
- wie eine Bombe einschlagen
- von Bord gehen
- die Bretter, die die Welt bedeuten
- hartes Brot
- eine Brücke schlagen
- die Buchstaben des Gesetzes
- von der Bühne abtreten
- den Bund fürs Leben schließen

C
- einen Coup landen

D
- unter Dach und Fach sein/bringen
- kein Dach über dem Kopf haben
- einen Dämpfer verpassen
- das Damoklesschwert

- Daumenschrauben anlegen/anziehen
- sich nach der Decke strecken

- im Dunkeln tappen
- die kalte Dusche

E
- Ebbe in der Kasse
- auf geteiltes Echo stoßen
- im Eifer des Gefechts
- ans Eingemachte gehen
- Einhalt gebieten
- jmdn./etwas auf Eis legen
- die Spitze des Eisbergs
- das heiße Eisen
- mehrere Eisen im Feuer haben
- höchste Eisenbahn
- das dicke Ende
- wie vom Erdboden verschluckt
- die verbrannte Erde
- der Erdrutschsieg
- (nicht) von Erfolg gekrönt sein
- das unsanfte Erwachen
- einen Etappensieg feiern
- der schnelle Euro
- eine Extrawurst braten

F
- am seidenen Faden hängen
- die Fäden in der Hand haben
- sich auf die Fahne schreiben
- das Ende der Fahnenstange
- Farbe bekennen
- das Fass ohne Boden
- das Fass zum Überlaufen bringen
- sich ins Fäustchen lachen
- mit eiserner Faust regieren
- die Faust im Nacken
- nicht viel Federlesens machen
- Federn lassen
- den Fehdehandschuh hinwerfen
- das Feld räumen
- jmdm. das Feld überlassen
- gegen jmdn./etwas zu Felde ziehen
- seine Felle fortschwimmen sehen
- sich weit aus dem Fenster lehnen
- jmdm. auf den Fersen sein
- ins Fettnäpfchen treten
- Feuer unterm Dach
- mit dem Feuer spielen
- Öl ins Feuer gießen
- die Feuerprobe bestehen
- den Finger in die Wunde legen
- die Finger/Hände im Spiel haben
- auf die Finger schauen
- ein kleiner/großer/dicker Fisch
- ins eigene Fleisch schneiden
- zwei Fliegen mit einer Klappe schlagen
- die Flinte ins Korn werfen
- die Flucht nach vorn antreten
- jmdn. auf die Folter spannen
- nur noch eine Frage der Zeit sein
- Fraktur reden
- ein gefundenes Fressen sein
- aus den Fugen geraten
- auf tönernen Füßen stehen
- auf freien Fuß setzen

- mit dem Gedanken spielen
- auf Gegenliebe stoßen
- Gegenwind verspüren
- jmdm. ins Gehege kommen
- das offene Geheimnis
- (kein) Gehör finden
- sich Gehör verschaffen
- da scheiden sich die Geister
- das Gelbe vom Ei
- jmdm. das Geld aus der Tasche ziehen
- den Geldhahn zudrehen
- eine Gelegenheit beim Schopf packen
- jmdm. das Genick brechen
- mit jmdm. ins Gericht gehen
- das starke/schwache Geschlecht
- auf den Geschmack kommen
- schweres Geschütz auffahren
- sich in guter Gesellschaft befinden
- das ungeschriebene Gesetz
- sein wahres Gesicht zeigen
- das Gesicht wahren/verlieren
- lange Gesichter machen
- Gestalt annehmen
- Gewehr bei Fuß stehen
- sein Glück versuchen
- mehr Glück als Verstand haben
- Gnade vor Recht ergehen lassen
- für Gotteslohn
- das nasse Grab
- Gräben aufreißen/zuschütten
- auf Granit beißen
- über etwas wächst Gras
- zum Greifen nah
- etwas in den Griff bekommen
- im Großen und Ganzen
- einer Sache auf den Grund gehen
- an den Grundfesten rütteln

H
- kein gutes Haar an jmdm. lassen
- Haare lassen müssen
- mit vollen Händen
- der goldene Handschlag
- der Hafen der Ehe
- der Haken
- an den Hals holen
- vom Halse schaffen
- jmdm. in die Hände fallen
- jmdm. freie Hand lassen
- von langer Hand vorbereiten
- letzte Hand an etwas legen
- jmdm. die Hand (zur Versöhnung) reichen
- sich die Hände reiben
- in fremde Hände übergehen
- mit leeren Händen dastehen
- jmds. rechte Hand sein
- die Hände (nicht) in den Schoß legen
- eine (un)glückliche Hand haben
- von der Hand in den Mund leben
- alle/beide Hände voll zu tun haben

Abb. 10.1 Metaphern

- unter einer Decke stecken
- sich ein Denkmal setzen
- sich in den Dienst einer Sache stellen
- nicht mit rechten Dingen zugehen
- jmdn. dingfest machen
- ein Dorn im Auge sein
- der heiße Draht
- der lachende Dritte
- auf den letzten Drücker
- dünngesät sein
- auf Herz und Nieren prüfen
- aus heiterem Himmel
- in den Hintergrund treten
- eine Hintertür offen halten
- auf Hochglanz bringen
- auf Hochtouren laufen
- auf zwei/mehreren Hochzeiten tanzen
- die Höhle des Löwen
- ins gleiche Horn stoßen/blasen
- in Hülle und Fülle
- eine Hürde umschiffen(!)/nehmen
- vor die Hunde gehen
- schlafende Hunde wecken
- unter einen Hut bringen
- den Hut in den Ring werfen
- den/seinen Hut nehmen
- auf der Hut sein

I
- die Ikone
- das i-Tüpfelchen

J
- zwischen den Jahren
- fette/magere Jahre

K
- durch den Kakao ziehen
- (rot) im Kalender anstreichen
- jmdm. den Kampf/Krieg ansagen
- etwas auf die hohe Kante legen
- aus etwas Kapital schlagen
- auf die eigene Kappe nehmen
- an den Karren fahren
- jmdn. vor seinen Karren spannen
- gute/schlechte Karten haben
- mit offenen/verdeckten Karten spielen
- alles auf eine Karte setzen
- die Karten auf den Tisch legen
- in die Karten schauen
- jmdn. zur Kasse bitten
- die Kassen klingeln lassen
- die Katerstimmung
- das Katz- und Mausspiel
- die Katze aus dem Sack lassen
- die Kehrseite
- im Keim ersticken
- in dieselbe Kerbe hauen
- etwas auf dem Kerbholz haben
- der harte Kern
- noch in den Kinderschuhen stecken
- ein Kinderspiel

- kalte Füße bekommen
- in die Fußstapfen von jmdm. treten

G
- einen Gang zulegen/zurückschalten
- in die Gänge kommen
- Gas geben
- jmdn. ins Gebet nehmen
- die schwere Geburt
- jmdm. einen Korb geben
- die Korken knallen lassen
- auf die Kostenbremse treten
- ins Kraut schießen
- in der Kreide stehen
- sich im Kreis drehen
- im Kreuzfeuer der Kritik stehen
- der kalte Krieg
- eine Kröte schlucken
- heilige Kühe
- die Kuh vom Eis bringen/holen
- hinter den Kulissen
- hoch im Kurs stehen
- den Kürzeren ziehen

L
- (nicht) zum Lachen zumute sein
- nach Lage der Dinge
- kein/wieder Land sehen
- eine Lanze für jmdn. brechen
- mit seinem Latein am Ende sein
- die rote Laterne
- eine Lawine lostreten
- vom Leder ziehen
- jmdm. auf den Leim gehen
- jmdn. an die kurze Leine nehmen
- Lehrgeld zahlen müssen
- die Leiche im Keller
- Licht am Ende des Tunnels sehen
- grünes Licht geben
- das Licht der Welt erblicken
- auf der ganzen Linie
- eine rote Linie überschreiten
- ein Loch in die Kasse reißen
- wieder ins Lot kommen
- seinem Ärger Luft machen
- jmdn./etwas in der Luft zerreißen
- jmdn./etwas unter die Lupe nehmen

M
- in der Mache sein
- ein Machtwort sprechen
- zu Makulatur werden
- der starke Mann
- die Maske fallen lassen
- das gerüttelt Maß
- meilenweit von etwas entfernt sein
- auf des Messers Schneide stehen
- die halbe Miete
- jmdn./etwas in Misskredit bringen
- jmdn./etwas in Mitleidenschaft ziehen
- die Mottenkiste
- in die Mühlen der Justiz geraten

- hinter vorgehaltener Hand
- jmdm. das Handwerk legen
- bei jmdm. hängt der Haussegen schief
- die eigene Haut retten
- den Hebel ansetzen
- alle Hebel in Bewegung setzen
- am längeren Hebel sitzen
- das Heft aus der Hand geben/nehmen
- jmdm. etwas ans Herz legen
- aus der Not eine Tugend machen
- die Notbremse ziehen
- gleich null sein
- die Nullnummer
- zum Nulltarif
- die Nummer eins
- auf Nummer sicher gehen
- eine harte Nuss

O
- die Oberhand gewinnen
- Oberwasser bekommen/haben
- seinen Ohren nicht trauen
- auf taube Ohren stoßen
- etwas noch im Ohr haben
- jmdm. zu Ohren kommen
- jmdm./etwas zum Opfer fallen
- höheren Orts

P
- sich seine Papiere holen können
- etwas zu Papier bringen
- jmdm. Paroli bieten
- für jmdn. Partei ergreifen
- mit von der Partie sein
- jmdm. den schwarzen Peter zuschieben
- aufs richtige/falsche Pferd setzen
- der Pferdefuß
- das heiße/teure Pflaster

- Pflöcke einschlagen
- seine Pforten schließen
- etwas von der Pike auf gelernt haben
- eine bittere Pille schlucken
- in der Pipeline sein
- jmdm. die Pistole auf die Brust setzen
- jmdn. auf den Plan rufen
- jmdn. auf die Plätze verweisen
- der Pleitegeier

- jmd. von Pontius zu Pilatus schicken
- auf verlorenem Posten stehen
- das Prä haben
- jmdn. an den Pranger stellen
- jmdn. auf eine harte Probe stellen
- etwas zu Protokoll geben
- jmdm. den Prozess machen
- kurzen Prozess machen
- auf den Prüfstand stellen
- sein Pulver verschossen haben
- das Pulverfass

Abb. 10.1 (Fortsetzung)

- auf der Kippe stehen
- Klartext reden
- jmdm. aus der Klemme helfen
- sich die Klinke in die Hand geben
- an etwas zu knabbern haben
- in die Knie gehen/zwingen
- der gordische Knoten
- die Koffer packen
- Kommissar Zufall
- auf jmds. Konto gehen
- Kopf an Kopf
- jmdn. den Kopf kosten
- den Kopf aus der Schlinge ziehen
- etwas auf den Kopf stellen
- jmdm. etwas auf den Kopf zusagen
- sich etwas aus dem Kopf schlagen
- über jmds. Kopf hinweg
- Kopf und Kragen
- Kopfschmerzen/-zerbrechen bereiten
- einer (Tat)sache Rechnung tragen
- jmdn. (nicht) auf der Rechnung haben
- jmdm. Rede und Antwort stehen
- von sich reden machen
- ein warmer Regen
- bei etwas Regie führen
- ein strenges Regiment führen
- alle Register ziehen
- den Reigen eröffnen/anführen/beschließen
- sich einen Reim auf etwas machen
- seine letzte Reise antreten
- einer Sache den Rest geben
- etwas Revue passieren lassen
- seine Richtigkeit haben
- etwas einen Riegel vorschieben
- den Riemen enger schnallen
- in den Ring steigen
- ins Rollen kommen
- Ross und Reiter nennen
- den Rotstift ansetzen
- zurück rudern
- den Rücken freihalten/stärken
- jmdm. den Rücken kehren
- auf jmds. Rücken austragen
- mit dem Rücken zur Wand stehen
- einen Rückzieher machen
- am Ruder sein/ans Ruder kommen
- aus dem Ruder laufen
- an etwas nicht rütteln lassen
- die Ruhe vor dem Sturm
- die letzte Ruhestätte finden
- kein Ruhmesblatt sein
- die Runde machen
- über die Runden kommen

S
- beschlossene Sache
- gemeinsame Sache machen

- in klingende Münze umsetzen
- auf jmdn./etwas gemünzt sein
- in aller Munde sein
- Mutterfreuden entgegensehen

N
- jmdm. schlaflose Nächte bereiten
- Nägel mit Köpfen machen
- etwas an den Nagel hängen
- die Nagelprobe
- aus dem Nähkästchen plaudern
- aus allen Nähten platzen
- etwas neue Nahrung geben
- sich eine goldene Nase verdienen
- etwas unter die Nase reiben
- jmdm. jmdn. vor die Nase setzen
- zur Neige gehen
- der gemeinsame Nenner
- in die Nesseln setzen
- ins Netz gehen
- etwas niedriger hängen
- Otto Normalverbraucher
- jmdn. schmoren lassen
- jmdm. ein Schnippchen schlagen
- vor den Schranken des Gerichts
- mit etwas Schritt halten
- jmdm. etwas in die Schuhe schieben
- Schützenhilfe bekommen
- etwas schultern
- auf die leichte Schulter nehmen
- jmdn. aus der Schusslinie nehmen/ in die Schusslinie geraten
- in Schutt und Asche
- Schwedische Gardinen
- das zweischneidige Schwert
- die Segel streichen
- jmdn. an die Seite stellen
- jmdn. zur Seite stehen
- weggehen wie warme Semmeln
- mit Siebenmeilenstiefeln
- zweiter Sieger bleiben
- etwas mit keiner Silbe erwähnen
- sich an jmds. Sohlen heften
- etwas kommt jmdm. spanisch vor
- auf Sparflamme
- jmdm. den Spiegel vorhalten
- leichtes Spiel haben
- etwas ins Spiel bringen
- etwas aufs Spiel setzen
- auf Spitz und Knopf stehen
- mit der Sprache herausrücken
- die Spreu vom Weizen trennen
- auf dem Sprung zu etwas sein
- keine großen Sprünge machen können
- jmdm./etwas auf der Spur sein
- den Stab über jmdn. brechen
- (k)einen leichten/schweren Stand haben
- jmdn. bei der Stange halten
- sich für jmdn./etwas stark machen
- in den Startlöchern stehen
- Staub aufwirbeln

- der neuralgische/wunde Punkt

Q
- an der Quelle sitzen
- in die Quere kommen
- quitt sein

R
- die Rabeneltern
- unter die Räder geraten/kommen
- vor einem Rätsel stehen
- den Rahmen sprengen
- im Rahmen bleiben
- im Rampenlicht stehen
- den Rang ablaufen
- Rat und Tat
- ein Raub der Flammen werden
- einer Sache Raum geben
- etwas in den Raum stellen
- jmdn. zur Rechenschaft ziehen
- Tabula rasa
- von einem Tag auf den anderen
- der Tag X
- bessere Tage gesehen haben
- ans Tageslicht kommen
- an der Tagesordnung sein
- auf die Tagesordnung setzen
- den Takt angeben/aus dem Takt geraten
- etwas aufs Tapet bringen
- aus eigener Tasche bezahlen
- in die eigene Tasche wirtschaften
- jmdn. auf frischer Tat ertappen
- vollendete Tatsachen schaffen
- jmdn. vor vollendete Tatsachen stellen
- tiefer in die Tasche greifen
- aus der Taufe heben
- aufs Tempo drücken
- etwas unter den Teppich kehren
- jmdn. teuer zu stehen kommen
- der Teufel steckt im Detail
- in der Tinte sitzen
- sich mit jmdn. an einen Tisch setzen
- am grünen Tisch
- der runde Tisch
- etwas offen auf den Tisch legen
- jmdn. über den Tisch ziehen
- etwas unter den Tisch fallen lassen
- das Tischtuch zwischen sich und jmdm. zerschneiden
- mit dem Tode ringen
- etwas den Todesstoß versetzen
- einen anderen Ton anschlagen
- kurz vor Toresschluss
- die Totenglocke für etwas läuten
- die krumme Tour
- auf vollen Touren laufen
- einen Trennungsstrich ziehen
- aus dem Tritt geraten

Abb. 10.1 (Fortsetzung)

- in eigener Sache
- in eine Sackgasse geraten
- das Sagen haben
- Sand im Getriebe
- auf Sand gebaut haben
- wie Sand am Meer
- etwas in den Sand setzen
- der Sargnagel
- jmdn. in den Sattel heben
- fest im Sattel sitzen
- sauer aufstoßen
- jmdn./etwas in Schach halten
- sein Schäfchen ins Trockene bringen
- Schatten auf etwas werfen
- die Schatten der Vergangenheit
- Schatten voraus werfen
- auf der Schattenseite des Lebens stehen
- etwas zur Schau stellen
- am Scheideweg stehen
- sich einander nichts schenken
- klar Schiff machen
- Schiffbruch erleiden
- auf den Schild heben
- der Schlag ins Wasser
- Schlagseite haben
- Schlagzeilen machen
- den Schleier (eines Geheimnisse) lüften
- im Schlepptau
- jmdm. auf die Schliche kommen
- hinter Schloss und Riegel
- einen Schlussstrich unter etwas ziehen
- in Vergessenheit geraten
- ein teures Vergnügen sein
- jmdn./etwas aus dem Verkehr ziehen
- an den Verkehrten geraten
- dem Vernehmen nach
- aus der Versenkung auftauchen
- jmdn. ins Vertrauen ziehen
- das Vieraugengespräch
- jmdn./etwas ins Visier nehmen
- den Vogel abschießen
- im Vollbesitz seiner Kräfte
- mit Volldampf
- aus dem Vollen schöpfen
- in den Vordergrund rücken
- jmdm. den Vortritt lassen
- mit umgekehrten Vorzeichen
- etwas den Vorzug geben

W
- etwas in die Waagschale werfen
- die eigenen vier Wände
- schmutzige Wäsche waschen
- jmdn. mit seinen eigenen Waffen schlagen
- die Waffen strecken
- zweite Wahl sein
- die Wahrheit ans Licht bringen
- ins kalte Wasser werfen
- jmdn./sich über Wasser halten
- das Wasser steht bis zum Hals
- Wasser auf jmds. Mühle sein
- bei Wasser und Brot
- der Webfehler

- sich aus dem Staub machen
- einen Stein ins Rollen bringen
- der Stein des Anstoßes
- Steine aus dem Weg räumen/in den Weg legen
- unter (k)einem glücklichen Stern stehen
- auf der Stelle treten
- etwas seinen Stempel aufdrücken
- das Steuer herumreißen
- an der Steuerschraube drehen
- sich in (Still)schweigen hüllen
- jmdm./etwas die Stirn bieten
- am selben Strang/Strick ziehen
- auf die Straße gehen
- auf offener Straße
- auf der Strecke bleiben
- einen Strich durch die Rechnung machen
- einen Strick drehen
- an einen Strohhalm klammern
- gegen den Strom schwimmen
- aus freien Stücken
- ein Stück vom Kuchen abschneiden/abbekommen
- jmdm. den Stuhl vor die Tür stellen
- sich zwischen zwei/alle Stühle setzen
- die Stunde der Wahrheit
- der Sturm im Wasserglas
- gegen etwas Sturm laufen
- an die Substanz gehen

T
- etwas aus dem Weg räumen
- auf halbem Weg
- etwas in die Wege leiten
- an etwas führt kein Weg vorbei
- eigene/getrennte Wege gehen
- auf dem besten Weg sein
- jmdm. reinen Wein einschenken
- hohe Wellen schlagen
- etwas aus der Welt schaffen/in die Welt setzen
- die Werbetrommel rühren
- der Wermutstropfen
- in ein Wespennest stechen
- die weiße Weste
- jmdm. in die Wiege gelegt worden sein
- auf der grünen Wiese
- der letzte Wille
- jmdm. bläst der Wind ins Gesicht
- es weht ein rauerer/schärferer Wind
- etwas in den Wind schlagen
- die Wogen (der Empörung) gehen hoch
- Wogen glätten
- aus allen Wolken fallen
- das letzte Wort ist noch nicht gesprochen
- einer Sache das Wort reden
- sich zu Wort melden
- ein gutes Wort für jmdn. einlegen
- nichts zu wünschen übrig lassen
- alte Wunden aufreißen
- der große Wurf

- der Trittbrettfahrer
- einen Trumpf in der Hand haben
- am Tropf von etwas hängen
- ein Tropfen auf den heißen Stein
- etwas in Trümmer legen
- die Trümmerwüste

- eine Trumpf in der (Hinter)hand/im Ärmel haben
- ein rotes Tuch für jmdn. sein
- in trockenen Tüchern sein
- hinter verschlossenen Türen
- die Tür für etwas offen halten
- einen Fuß in der Tür haben
- sich die Türklinke in die Hand geben

U
- das Übel an der Wurzel packen
- das kleinere Übel
- die sterblichen Überreste
- wissen, was die Uhr geschlagen hat
- rund um die Uhr
- in Ungnade fallen
- sich nicht unterkriegen lassen
- sich auf schwankenden Untergrund begeben
- etwas ist unterschriftsreif
- nichts unversucht lassen
- sein Unwesen treiben

V
- sich mit jmdm. in Verbindung setzen

Z
- rote/schwarze Zahlen
- einen Zahn zulegen
- sich die Zähne ausbeißen
- der Zahn der Zeit
- aus den roten Zahlen herauskommen
- in die roten Zahlen geraten
- mit etwas hinterm Zaun halten
- ein Blick über den Zaun nach ...
- die Zeichen stehen auf ...
- die Zeichen der Zeit
- die Zeit arbeitet für/gegen jmdn.
- seine Zelte abbrechen
- sich ins Zeug legen
- übers Ziel hinausschießen
- die Zügel lockern/straffen/fest in der Hand halten
- am Zug sein
- auf den fahrenden Zug aufspringen
- das Zünglein an der Waage sein
- der falsche Zungenschlag
- etwas zutage fördern
- der Zweck der Übung
- auf (k)einen grünen Zweig kommen
- fünf (Minuten) vor zwölf

Abb. 10.1 (Fortsetzung)

Oft werden Adjektive nicht korrekt eingesetzt. Beispielsweise ist *„billig"* nicht gleichbedeutend mit „preiswert" und *„Berliner Reaktionen"* sind nicht unbedingt „Reaktionen der Bundesregierung".

▷   Keine Wertungen – auch nicht unterschwellig

„Faszinierende Aufführungen" und *„überzeugende Argumente"* gehören nicht in die Nachrichten – auch wenn die Pressemitteilungen voll davon sind. Der Redakteur darf auch keine persönlichen Wertungen unterbringen:

> *Sandau:* Trotz **mäßiger** Leistungen beim deutschen Leichtathletik-Treffen in Sandau am vergangenen Wochenende fahren die deutschen Leichtathleten optimistisch zu den Hallen-Europameisterschaften. Auch eine Jahresbestleistung und sechs deutsche Saison-Bestmarken in EM-Disziplinen konnten das insgesamt **durchwachsene Niveau** bei den Deutschen Meisterschaften **nicht übertünchen**.

Das gilt auch für einzelne Worte oder Formulierungen:
… **ganz schön teure** Renovierungen …
… **sogenannte** Tierschützer …
… der **ob seiner Leibesfülle** bekannt gewordene Bundestagsabgeordnete …
… Die Stimmung unter der Belegschaft war **explosiv**.
… sind über 120 Arbeitsplätze **sozialverträglich abgebaut** worden.
Der Verwaltungsgerichtshof hat dem CDU-Bundestagsabgeordneten Hans-Matthäus Knick **einen Dämpfer versetzt**. Sein Einsatz für einen Bauern im Kreis Merker sei nicht verfassungsgemäß. …
… hat mit **überwältigender** Mehrheit zugestimmt.
… das **wunderbare** Konzert…
… **begrüßenswert** dagegen die Entscheidung …
… **glanzvoll** im Amt bestätigt.
… Kosten des Projekts: **satte** 30 Millionen Euro ….
… und überholte noch mehrere andere Wagen **in haarsträubender Weise**.
… Der Dieb brachte seine Beute **reumütig** zurück.

Manchmal hilft der „Trick", Wertungen irgendwelchen Experten oder Beobachtern in den Mund zu legen. Auf keinen Fall reicht es aber, einfach eine indirekte Rede zu formulieren, ohne deren Quelle zu nennen:

> Am Sonntag wird die Kindertagesstätte des SOS-Kinderdorfes Hochsee eingeweiht. **Lichtdurchflutet, modern, flexibel und kindergerecht-fröhlich** sei die neuerbaute Kindertagesstätte. Rund 1,3 Millionen Euro hat die Einrichtung gekostet.…

… hieß es wohl in einer Pressemitteilung(?).

Ganz problematisch sind Untertöne von Sympathie oder Antipathie gegenüber Personen:

> *Borheim*: Der als **König der Bankräuber** bekannt gewordene Jan Schotska hat heute vor Gericht ein umfassendes Geständnis abgelegt. Der 37-Jährige gab zu, bei 20 Banküberfällen … **Eigentlich sei es immer sein Ziel gewesen, sich im Ausland eine legale Existenz aufzubauen.** Versuche in Marokko und Paris seien aber gescheitert. Schotska gilt als **hoch intelligent** und **spricht sechs Sprachen.** Nach einem **spektakulären** Ausbruchsversuch vor einem Jahr hatte der **clevere** Bankräuber …

In dieser Meldung schwingt deutlich Sympathie oder gar Bewunderung für den Bankräuber mit.

Manche Begriffe werden auch ganz bewusst geprägt, um eine positive oder negative Wertung zu transportieren. Wenn Arbeitskräfte „freigesetzt" werden ist das genauso schönfärberisch wie wenn aus dem Altersheim die „Seniorenresidenz" wird oder seinerzeit von „Nachrüstung" gesprochen wurde. Legendär ist der Streit um die Begriffe Baader-Meinhof-„Gruppe" oder -„Bande" und in den Weltnachrichten muss man auch heute noch genau überlegen, ob man aus Krisenregionen über „Freiheitskämpfer", „bewaffnete Oppositionelle", Separatisten oder „Terroristen" berichtet.

Es ist auch ein gravierender Unterschied, ob sich eine Gruppe demonstrierender Bürger für den Erhalt eines Biotops einsetzt oder ob *selbst ernannte Umweltschützer* für den Erhalt eines Biotops demonstrieren.

▶   Nationalität oder sozialen Status nur nennen, wenn sie relevant sind

Die Nennung der Nationalität („Rumäne", „Türke") kann unter Umständen wertend sein. Erst recht gilt das, wenn von „Afrikanern" gesprochen wird – als ob es in diesem Kontinent keine sehr unterschiedlichen Länder gäbe. Auch der soziale Status („Arbeitsloser", „Obdachloser", „Sozialhilfeempfänger", „Millionär" etc.) wird häufig erwähnt, auch wenn er nicht relevant für die Meldung ist. Nationalität und sozialer Status eignen sich hervorragend, Vorurteile zu bedienen oder gar zu schüren. Sie sollten deshalb nur genannt werden, wenn sie zum besseren Verständnis einer Nachricht nötig ist:

> … Schießerei an der Supermarktkasse … Der mutmaßliche Täter hat sich gestellt. Das Motiv ist der Polizei zufolge in Geldschwierigkeiten zu suchen. Kurz nach 17 Uhr hatte **der Türke** …

In diesem Fall hatte die Nationalität nichts mit den Tatmotiven zu tun (nicht einmal ein „Ehren"mord oder eine Familienfehde o. ä.). Das gilt auch für die folgende Meldung:

... 25 Gramm Heroin sichergestellt. Die beiden Insassen, zwei aus Russland stammende 21 bzw. 23 Jahre alte **Arbeitslose**, wurden festgenommen und dem Rauschgiftdezernat der Kripo übergeben ...

Besondere Sensibilität ist bei Meldungen über Straftaten geboten, die z. B. in der Nähe „sozialer Brennpunktgebiete" verübt wurden. Wird in einer Region öfters eingebrochen und stammen die Täter immer wieder aus einem bestimmten Milieu, kann die zusätzliche Information „Asylbewerber" oder „jugendliche Spätaussiedler" o. ä. wichtig sein. Nachrichten sollen nicht Vorurteile schüren – andererseits dürfen aber nicht wichtige Fakten weggelassen werden, weil fürsorgliche Redakteure überängstlich sind, bestehende Vorurteile zu bedienen. Diese Gratwanderung ist schwierig. Jeder Einzelfall muss bewusst entschieden werden. In der Praxis werden Nationalität und sozialer Status leider meist völlig gedankenlos verwendet.

▶   Fremdwörter, Fachbegriffe und Abkürzungen müssen erklärt werden

Die wichtigsten Schlüsselwörter eines Satzes sind oft Substantive. Sie müssen deshalb unbedingt leicht verständlich sein.

Fremdworte müssen erklärt oder (besser noch) ersetzt werden – das gilt übrigens nicht nur für Substantive. Unnötige Anglizismen wie „Highlight" oder „Event" lassen sich einfach durch deutsche Begriffe ersetzen. „Infektiös" ist einfach „ansteckend", „relativieren" heißt „einschränken" oder „abschwächen" usw. Unnötig sind auch weniger offensichtliche Anglizismen wie „... *in 2014* ...", „*Einmal mehr* ..." oder „... *am Ende des Tages* ...".

Wenn aber ein Angebot der städtischen Verkehrsbetriebe als „schoolcard" eingeführt ist, sollte dieser Begriff in der Meldung vorkommen – er muss aber erklärt werden.

Auch wenn gebildete Redakteure das nicht wahrhaben wollen: Viele Menschen wissen nicht, dass die „Berlinale" ein Filmfestival ist. Auch mit dem „Büchnerpreis" oder einem „Grammy" fangen viele Hörerinnen und Hörer nichts an. Deshalb müssen solche Begriffe kurz erläutert werden.

Kaum jemand wird diese Nachricht verstanden haben:

XY: Der Pharmakonzern Sartis und der US-Konzern Quicker Oats Co. wollen im Bereich des sogenannten Functional Food ein Joint Venture eingehen. Sartis bestätigte entsprechende Berichte. Das neue Unternehmen soll Alto Food Co. heißen. Sartis wollte das Geschäft am Nachmittag offiziell bekannt geben. Beim „Functional Food" handelt es sich um Lebensmittel mit einem spezifischen Zusatznutzen, der über den ernährungsphysiologischen Nutzen hinaus geht.

Auch weniger geballt sind Fremdworte und Fachausdrücke meist unnötige Stolpersteine. Viele Hörer können nichts mit *„Konversion", „Inklusion", „Stagnation", „Verlustrücktrag", „Factory Outlet"* u. ä. anfangen. Selbst *„Koalitionsfreiheit"* oder *„Fraktionszwang"* sind problematisch. Erst recht sollten völlig ungebräuchliche Fachbegriffe vermieden werden:

> *Verrenburg*: In Verrenburg ist heute die neue **Beschälplatte** des Gestüts Mooreck mit einem umfangreichen Rahmenprogramm eingeweiht worden. Mit dem Neubau wird der Fortbestand einer über 150 Jahre alten Traditionseinrichtung zur Pferdezucht in Verrenburg gesichert. Die neue Halle kostete rund 150.000 € und wurde…

Ob die Hörer wissen, was eine *„Beschälplatte"* ist?

Werden Fachbegriffe eingeführt und erklärt, muss die Erklärung stimmen:

> … Vor allem das Kirren, also das Anlocken der Wildschweine **durch Jäger**, ist umstritten. Es werde in einem Teil der Reviere zu viel gekirrt, so der Präsident des …

Beim Kirren werden Wildschweine nicht durch Jäger sondern mittels **Futter** angelockt, um die Jagd auf die Tiere zu erleichtern.

Manchmal haben zwei alltägliche Begriffe eine so ähnliche Bedeutung, dass die Unterscheidung nur verwirrt:

> … Das Opfer wurde mit einer **Axt oder einem Beil** erschlagen …

Abkürzungen müssen in der Regel eingeführt werden. *„OLG", „OVG" und „VGH", „ZVS", „JVA", „BI", „MTA" oder „SVB"* sind nicht so gebräuchlich, dass sie ohne Erklärung eingesetzt werden könnten.

Ein besonderer Fall sind juristische Fachbegriffe. Oft werden z. B. „verhaften" und „festnehmen" nicht auseinander gehalten. Ein mutmaßlicher Täter wird normalerweise „festgenommen". Möglicherweise wird er dem Haftrichter vorgeführt, der dann Haftbefehl erlässt. Erst danach wird „verhaftet" (Haftbefehle werden ausschließlich von Richtern ausgestellt, Staatsanwälte beantragen sie, Polizisten vollstrecken sie).

In der Regel ermittelt die Polizei, der Staatsanwalt klagt an und der Richter urteilt (die Polizei weist also keine Schuld nach).

Vorsicht auch beim Gebrauch von Worten wie „ermordet" oder „Mord". Eine Tötung kann erst im Prozess als „Mord" beurteilt werden. Täter sind übrigens bis zum Gerichtsurteil **mutmaßliche** Täter, die etwas verbrochen haben **sollen**. Das gilt selbst dann, wenn sie die Tat gestanden haben – sie könnten das Geständnis noch kurz vor dem Urteil widerrufen.

▶   Zusammengesetzte Substantive vermeiden

Manche Kollegen lieben zusammengesetzte Substantive. Unwahrscheinlich, dass die Hörer das gut finden:
„*Mineralölsteuererhöhung*", „*Durchschnittshaushaltseinkommen*", „*Bruttoinlandsproduktzuwachs*", „*Jahreshauptversammlungsteilnehmer*" etc.
Unglücklich sind auch Formulierungen wie:

> Die Polizei ist auf der Suche nach **Auto-Randalierern**, die in der vergangenen Nacht …

Haben die Gesuchten mit ihren Autos randaliert oder haben sie ihre Aggressionen einfach an den Autos braver Bürger ausgelassen? Waren die Autos also Werkzeug oder Objekt der Randale?

▶   Umgangssprachlich aber nicht „flapsig"

Radionachrichten müssen fürs Sprechen formuliert werden. Das heißt Umgangssprache statt Schriftdeutsch. Das ist aber kein Freibrief für Boulevard-Formulierungen. Die Seriosität der Nachrichten darf nicht leiden:

> … hat die Polizei in einem Wohngebiet einen 38-jährigen Autofahrer **aus dem Verkehr gezogen**, der so **sturzbetrunken** war, dass …
> … als ein LKW-Fahrer mehrere Blinkleuchten **von der Fahrbahn fegte** und ungebremst in ein Warnzelt **donnerte** …
> … hatte er eine Verkehrsinsel überfahren und die beleuchteten Richtungspfeile **umgemäht**. …
> … nicht mehr ausweichen und **baute** einen Unfall.
> … Die Siegerehrung **steigt** anschließend im Festzelt …
> … Insgesamt vier Mal hatten dreiste Diebesbanden in den letzten Monaten zugeschlagen und immer wieder freistehende Geldautomaten **gleich komplett mitgehen lassen**. …
> … wurde **der Bursche** mit einem Teil der Beute **geschnappt**. …
> … mit 3 Millionen Euro Gewinn gerechnet. Doch ein **grandios gescheitertes** illegales Spekulationsgeschäft und der völlige Zusammenbruch des Soja-Marktes in Europa erforderten sogar einen **Griff in die Reserven** …

Solche Formulierungen können nicht nur unseriös wirken, sie sind manchmal auch noch ungenau. Was bedeutet der „*Griff in die Reserven*"? (vgl. *Synonyme und Metaphern vermeiden*)

▷   Worte nicht „aufblasen"

Es ist schlimm genug, wenn sich Politiker und andere wichtige Personen geschwollen ausdrücken. Meist versuchen sie damit, Banalitäten wichtig erscheinen zu lassen. Ein beliebtes Stilmittel ist, einzelne Worte aufzublähen. Aus der schlichten Frage wird die „Lernfrage", aus teuer wird „kostenintensiv". Redakteure sollten nicht mitmachen, wenn Kommunalpolitiker *„Maßnahmenpakete schnüren"* und dafür tief *„in die Fördertöpfe des Bundes greifen"*. Es geht auch ganz schlicht:

„Vorbild" statt *„Vorbildfunktion"*
„Kosten" statt *„Unkosten"*
„Ziel" statt *„Zielsetzung"*
„ an der Kreuzung" statt *„im Kreuzungsbereich"*
„sparen" statt *„Sparpotential ausschöpfen"*
„am Eingang" statt *„im Eingangsbereich"*
„mieten" statt *„anmieten"* und „kaufen" statt *„ankaufen"*
„prüfen" statt *„überprüfen"*
„laut" statt *„lärmintensiv"*
„teuer" statt *„kostenaufwändig"*
„sterben" statt *„versterben"* usw.

Übrigens: Wenn jemand **ge**storben ist, trauern die Angehörigen um den **Ver**storbenen. Jeder Mensch stirbt irgendwann, aber niemand **ver**stirbt. Tote allerdings sind **Ver**storbene, nicht **Ge**storbene – vor allem in Meldungen über tödliche Unfälle gerät da manchmal was durcheinander.

Zur Kategorie „Aufgeblasen" gehören auch verstärkende Adjektive und Adverbien. Da reicht es nicht, wenn der Tatort abgesperrt wird, er wird *„hermetisch abgeriegelt"*. Die Polizei sucht nicht einfach den Täter und verfolgt eine Spur – sie *„sucht fieberhaft"* und die Spur muss schon eine *„heiße Spur"* sein. Politiker streiten nicht, sondern liefern sich einen *„heftigen Schlagabtausch"* und natürlich weisen sie nicht bloß zurück, sie *„weisen entschieden zurück"* – der *„ungeschminkten Wahrheit"* wegen. (vgl. *Sparsam mit Adjektiven umgehen*)

Sparsam sollte man auch mit Begriffen umgehen, die selbst ohne Adjektive einen Sachverhalt dramatisieren. Deshalb Vorsicht mit *„Bluttat"*, *„Familiendrama"*, *„Beziehungsdrama"*, *„Familientragödie"* und ähnlich starken Worten.

▷   Keine Phrasen dreschen

Ein Spezialfall aufgeblasener Sprache sind hohle Worte, die einer Meldung Gewicht verleihen sollen – auch wenn nicht viel dahinter steckt. Journalisten sollten solche Phrasen nicht einfach übernehmen.

In den Nachrichten haben *„fundamentale wachstumspolitische Weichenstellungen"* oder mutige Politiker, die *„völliges kulturpolitisches Neuland betreten"* nichts zu suchen. Auch das „*Bündel innovativer Planungsvorschläge*" klingt wichtig, hilft aber den Hörern nicht weiter.

▶   Hölzernes Amtsdeutsch muss umgeschrieben werden

Polizeimeldungen oder Verwaltungsmitteilungen können nur selten direkt übernommen werden. Oft enthalten sie besonders hölzerne Formulierungen:

… stießen **ein im Einsatz befindliches** Feuerwehrauto und ein PKW zusammen.
… sucht **im Hinblick auf** das regionale Märktekonzept einen Kompromiss.
… Laut Polizei sind dabei ein Auto und ein LKW **im Begegnungsverkehr** zusammengestoßen.
… Vollgelaufene Keller seien **in der Rangfolge nach lebensrettenden Maßnahmen eingestuft** worden – dadurch habe mancher Hausbesitzer länger warten müssen.
… Die **schlechtesten Pünktlichkeitswerte** im vergangenen Monat hatten die Stadtbahnlinien S 8 und S 9, so ein Sprecher der …
… ist ein Autofahrer **schwerstverletzt worden**.
… Ein Metzger **notschlachtete** die Kuh …
… Ein Polizeiauto hatte **den Verkehr bereits verlangsamt**, um die Aluminiumleiter von der Fahrspur zu entfernen.

Auch einzelne Begriffe können den Eindruck von Amtsdeutsch vermitteln: „*Insassen*", „*Nachbesserungen*", „*Nullwachstum*", „*Maßnahmen*" oder gar „*Maßnahmenpakete*", „*Gelder*", „*Unkosten*" und „*Zielsetzungen*" sind nicht umgangssprachlich – genauso wenig wie: „*Beinhalten*", „*Vorbehalte ein-*„ oder „*ausräumen*", „*erstellen*", „*unterstreichen*", „*signalisieren*" oder „*zur Verfügung stellen*".

▶   Keine Stereotype

Viele Nachrichtenredakteure halten bestimmte Floskeln für besonders „nachrichtlich". Wenn ein wichtiger Mensch irgendetwas gesagt hat, dann wird in den Nachrichten daraus oft: „*… betonte …*" oder „*… unterstrich, dass …*". Vielen Radakteuren reicht es auch nicht, wenn ein Politiker etwas gefragt hat – wichtiger klingt: „*Er warf die Frage auf, …*". Solche immer wiederkehrenden Formen ermüden. Kaum jemand würde in der Umgangssprache dauernd solche Stereotypen verwenden.

Ganz besonders beliebt sind die Wörter „können" und „müssen". Leider werden sie oft unsinnig eingesetzt:

… Die Polizei **konnte** den mutmaßlichen Täter kurz nach der Tat festnehmen.
… Die Feuerwehr **konnte** die Eingeschlossenen retten.
… Der Sicherheitsdienst **musste** einschreiten, …
… Die Strecke **musste** gesperrt werden.

Wir nehmen zugunsten der Beamten an, dass sie den Täter nicht nur festnehmen konnten, sondern auch tatsächlich festgenommen haben (schließlich sollten sie gelernt haben, wie man das macht). Ob das Einschreiten des Sicherheitsdienstes und die Sperrung der Strecke wirklich sein mussten? Die Nachrichten sollten sich darauf beschränken, nur den Fakt zu nennen: Die Sicherheitskräfte schritten ein und die Strecke wurde gesperrt.

Auch in den folgenden Beispielen bläht die Konstruktion mit „können" den Satz unnötig auf:

> Wie es zu dem Unfall **kommen konnte** ist noch unklar
> Infolge des großen Interesses **könnte es möglich sein**, dass in diesem Jahr Bewerber abgewiesen werden müssen.
> … **kann** einen weiteren Erfolg verzeichnen.

Schlimmer als „… *konnte er den anwesenden Helfern persönlich danken"* ist nur noch: „… *ließ es sich nicht nehmen, den Helfern persönlich zu danken.*"

▶   Vergleiche nicht „in der Luft hängen" lassen

Kein Vergleich ohne Bezugsgröße! Wer den Komparativ verwendet, muss auch angeben, worauf er sich bezieht:

> Das Open-Air-Festival in Achstadt ist in diesem Jahr reibungsloser verlaufen. Diese Bilanz zogen die Veranstalter …

Gemeint war wohl „reibungsloser **als im Vorjahr**". Entsprechendes gilt für:

> … Infolge des schönen Wetters verlief der diesjährige Korbmarkt erfolgreicher. Die Händler…
> … Großfeuer einen Schaden von mindestens 800.000 Euro verursacht. Die Ermittler gehen **eher** von einem technischen Defekt als Brandursache aus, teilte die Polizei mit.

Entweder: „eher von einem technischen Defekt als von Brandstiftung" oder noch besser: das Wörtchen „eher" einfach weglassen.

▶   Das „überhandgenommene Partizip"

Die Partizipien mancher Verben dürfen auch als Adjektive gebraucht werden, oft klingt das aber nicht gut:

> … verursachte einen Auffahrunfall. Der **aufgefahrene** LKW …
> … der über die Straße **gelaufene** Hund blieb unverletzt.

Grammatikalisch falsch ist so eine Konstruktion, wenn das zugrundeliegende Verb im Perfekt verwendet und mit „haben" verbunden wird. Wenn also ein Prozess begonnen *hat*, darf daraus nicht „der heute **begonnene** *Prozess*" werden. Genauso falsch sind:

> ... die **stattgefundene** Jahreshauptversammlung ...
> ... der bei Jugendlichen **überhandgenommene** Alkoholkonsum ...
> ... die stark **zugenommene** Verschuldung ...
> ... die **aufgehörten** Lärmbelästigungen ...

Partizipialkonstruktionen sind nie schön. Außerdem verdichten sie unnötig. Ohnehin schon mit Information vollgepackte Sätze müssen noch aufmerksamer gehört werden. Fast immer gibt es eine bessere Alternative. Also nicht:

> ... haben das in der vergangenen Woche vom Bundestag verabschiedete Gesetz kritisiert.

Sondern: „... haben das Gesetz kritisiert, das der Bundestag in der vergangenen Woche verabschiedet hat."

Das Gleiche gilt für:

> ... hat der bei dem Busunglück ums Leben gekommenen Kinder gedacht.

Eingängiger klingt: „... hat der Kinder gedacht, die bei dem Busunglück ums Leben gekommen sind."

> ▷ Füllwörter raus

Füllwörter wie *„eigentlich", „durchweg", „allesamt" oder „zusehends"* werden oft benutzt, sind aber meist überflüssig, manchmal sogar falsch:

> ... wurden **durchweg** alle Besucher auf Waffen kontrolliert.
> ... sind die Pegel der meisten Zuflüsse **zusehends** rasch gestiegen.
> ... hat noch nicht **endgültig** bekannt gegeben, ob er erneut für das Amt kandidiert. ...

Manchmal entstehen durch solche Füllwörter auch unsinnige Doppelungen:
„... *dürfe der Staat nichts zusätzlich zur Parteifinanzierung hinzuzahlen.*" (vgl. auch *Vorsicht doppelt gemoppelt: keine Tautologien und Pleonasmen*)
Unnötig sind auch manche gut gemeinten Erläuterungen:

„Ein Bagger hat bei Kanalarbeiten **versehentlich** eine Gasleitung aufgerissen."
(Das wollen wir zugunsten des Baggerführers doch annehmen.)

Zuweilen können sich Redakteure nicht für ein Bindewort entscheiden – und nehmen zwei:

... Er prallte gegen einen Baum **und** blieb **aber** unverletzt.
... ist er von einem LKW erfasst worden **und** dabei **dennoch** nahezu unverletzt geblieben.

▶   **Vorsicht doppelt gemoppelt: keine Tautologien und Pleonasmen**

Beliebt sind Formulierungen, die einen Sachverhalt ganz besonders deutlich machen sollen. Da reicht es nicht, wenn jemand anwesend ist, er muss *persönlich* anwesend sein. Der Riese wird zum *großen* Riesen, der Greis zum *alten* Greis. Den weißen Schimmel kennt jeder, doch auch kahle Glatzen gibt es zuhauf. So ein unnötiger Zusatz macht Meldungen nicht deutlicher – nur länger.

... wurde die Jugendstilkirche **neu renoviert.**
... **zunehmend** unzufriedener ...
... Die Einsparung **soll vermutlich** nur 6.000 Mark betragen, sagte ...
... ist seinen **tödlichen** Verletzungen **erlegen.**
... kamen sie zu einem **gemeinsamen Konsens.**
... war **vorprogrammiert.**
... **voll und ganz** ...
... ist die Gaststube **völlig ausgebrannt.**
... Im Rahmen der **weltweiten Globalisierung** ...
... **zusammenaddiert** ergibt das ...
... die Sprecher der **politischen Parteien** ...

Nicht viel besser sind *schlimme Katastrophen, feierliche Zeremonien, Zukunftsperspektiven, tragische Unglücke, schwere Verwüstungen, neue Rekorde, Düsenjet, Vorankündigungen, Vorbedingungen u.v.m.*
     Fast immer stecken im Substantiv schon die Eigenschaften, die das vorangestellte Adjektiv ausdrückt. Es gibt keine harmlosen Katastrophen oder leichte Verwüstungen. Auch ein Propellerjet und Nachankündigungen oder Nachbedingungen wären ein Widerspruch in sich.
     Eine andere Art der Doppelung entsteht aus der Verbindung von Akronymen und einzelnen Worten. Akronyme sind Worte, die aus den Anfangsbuchstaben oder -silben mehrerer Worte gebildet wurden, z. B. EDV für **e**lektronische **D**atenverarbeitung. Niemand würde in einem Text „elektronische EDV" sagen, weil das „E" ja schon für „elektronisch" steht. In vielen Fällen scheint das aber nicht so klar zu sein:

... gegen das **Bafög-Gesetz** ...
... dank des **ABS-Systems** ...

… mit dem **HIV-Virus** infiziert …
… hatte die **persönliche PIN-Nummer** …

Der letzte Buchstabe der Abkürzung steht bereits für das angehängte Wort. Im letzten Beispiel müsste es sogar „persönliche I-Nummer" heißen, weil das „P" für „persönlich" und das „N" für „Nummer" steht. Übrigens: auch der *„Castor-Behälter"* gehört in diese Kategorie (in „*c*ask for *s*torage and *t*ransport *o*f *r*adioactive material" steht bereits das Wort cask für Behälter).

▷   Kein vollmundiger Plural

Wenn von „Quellen", „Gerüchten", „Vorwürfen", „Spekulationen", „Ungereimtheiten" oder „Befürchtungen" die Rede ist, sollte die Meldung diesem Plural-Anspruch auch gerecht werden. Oft entpuppen sich die „Gerüchte" aber schlicht als **ein** Gerücht, „Vorwürfe" als **ein einziger** Vorwurf.

„Vorwürfe, der Finanzminister habe den Haushalt schön gerechnet" sind ein einziger Vorwurf, auch wenn dieser Vorwurf von mehreren Personen erhoben wurde.

Auch wenn viele Menschen das Gerücht von der Homosexualität eines Regierenden Bürgermeisters weitergetragen haben, so war es dennoch nur *ein* Gerücht – und das ist gut so. Zwei Gerüchte sind es erst, wenn zusätzlich z. B. noch ein Parteivorsitzender geoutet wird.

▷   Keine hinweisenden Fürwörter als Subjekt

Viele Demonstrativpronomen (hinweisende Fürwörter) klingen gestelzt. Meist ist es besser, ein Subjekt zu wiederholen, als abzuwechseln mit *„letzterer", „jener", „ersterer"* und so weiter:

Bei einer Podiumsdiskussion gestern Abend prallten die Meinungen der Kindergartenträger und der Nachbarn heftig aufeinander. **Erstere** betonten … **Letztere** beklagten …

Solche Formulierungen klingen nicht umgangssprachlich. Außerdem muss der Hörer womöglich nachdenken, wer mit „Erstere" und „Letztere" gemeint ist. Das wäre bei der Lektüre eines schriftlichen Textes kein Problem. Da kann man den vorhergehenden Satz einfach noch einmal lesen. Beim Nachrichtenhören geht das natürlich nicht. Deshalb besser die Subjekte nochmal konkret benennen:

… prallten die Meinungen der Kindergartenträger und der Nachbarn heftig aufeinander. Die Betreiber des Kindergartens betonten …. Dagegen beklagten die Nachbarn …

▶   „Drunter und drüber, an und bei, für und von"

Präpositionen (Verhältniswörter) geben an, in welcher Beziehung Personen, Dinge oder Vorgänge zueinander stehen. Sie können zur Angabe von Zeit oder Ort, von Grund oder Art und Weise eingesetzt werden. Doch das scheint nicht immer so einfach zu sein:

> … **Neben** dem Fahrer wurde auch ein 19jähriger Fußgänger verletzt.

Richtig muss es „außer" heißen – es sei denn, der Autor will sagen, dass sich der Fußgänger links oder rechts des Fahrers befand. Ganz ähnlich:

> … **Mit** Ernst Maier ist das letzte Gründungsmitglied … gestorben.

Das würde heißen, dass außer Herrn Maier auch das letzte und nicht namentlich genannte Gründungsmitglied starb.

Möglichst vermeiden sollte man auch Satzkonstruktionen mit zwei Präpositionen hintereinander:

> … **auf über** ihn verbreitete Gerüchte wollte er nichts sagen.

Besser ist: „… wollte er nichts zu Gerüchten sagen, die über ihn verbreitet werden."

Falsch ist: „… soll **bis im** Juni nächsten Jahres bezugsfertig sein. …" Das „*im*" kann ersatzlos entfallen.

Besonders beliebt ist der falsche Gebrauch der Präposition „für":

> … Haft auf Bewährung verurteilt. **Für** den LKW-Fahrer wurde zudem ein dreimonatiges Fahrverbot ausgesprochen. …

In diesem Fall kann das „für" nicht einfach durch ein anderes Wort ersetzt werden (auch ein „*Fahrverbot gegen den LKW-Fahrer*" wäre nicht korrekt). Der Satz muss umformuliert werden: „… Dem LKW-Fahrer wurde die Fahrerlaubnis für drei Monate entzogen" … " oder er „darf drei Monate lang nicht fahren" o. ä.

Oft kann das „für" einfach gegen die richtige Präposition ausgetauscht werden:

„… *Die Berufsfeuerwehr wirbt **für** Nachwuchs.*" (richtig: … **um** …)

„… *Wahlkampftour kommen. **Für seinen** Auftritt am Theaterplatz werden rund 3.000 Besucher erwartet.*" (richtig: **Zu seinem** …)

„… hatte sich **für ein** Geständnis entschlossen. …" (richtig: …**zu einem** …)

„…***Für die** Strecke Bonstadt-Reichenberg sollen leistungsstärkere Züge eingesetzt werden.*" (richtig: … **Auf der** …)

Verzwickter ist der folgende Fall:

… derzeitige Amtsinhaber, der sich **für seine Wiederwahl** bewirbt. …

Man bewirbt sich nicht *für* sondern **um** etwas. Allerdings bewirbt man sich um ein Amt, nicht um die Wiederwahl. In diesem Fall wäre also besser gewesen:
„… derzeitige Amtsinhaber, der sich wieder bewirbt. …" oder „… derzeitige Amtsinhaber, der bei der Wahl wieder antritt. …"
Auch in den folgenden Beispielen sind die Präpositionen falsch gewählt:
„… *Wie der leitende Arzt des Gesundheitsamtes mitteilte, liegt der Verdacht **auf** einer Salmonellen-Erkrankung.*" (Das hieße, eine Salmonellen-Erkrankung wird verdächtigt.)
„… *Möglich wird das durch die Bestrahlung von UV-Licht …*" (Da wird nicht das UV-Licht bestrahlt, deshalb muss es „… **mit** UV-Licht …" heißen.)
„… *Des Weiteren wurden Fahrer und Sozia eines Motorrads bei Oberottendorf und zwei PKW-Insassen bei Hagenberg **nach** Unfällen schwer verletzt.*" (Warum erst nach den Unfällen?)
„… **Unter der Ära** *Kübler sei das Unternehmen zu einem Selbstbedienungsladen verkommen. …*" (entweder unter Kübler oder in der Ära Kübler)
„… *Der Preis für ein Abonnement **beginnt ab** 45 €. …*" (Entweder beginnen die Preise bei 45 € oder das Abonnement kostet ab 45 €.)
„… keine Anzeichen **auf** Gewaltanwendung …" (Entweder „Hinweise auf …" oder „Anzeichen von …")

▷ „Durch und durch"

Manche Nachrichten sind regelrecht „durchsetzt": Kann ein Unfall „***durch*** *einen Raser verursacht*" oder *eine Firma* „***durch***" *einen Konkurrenten übernommen werden*"? Nein! Hier gehört ein schlichtes „von" her. „Durch" steht nur im Sinne von „mitten durch" oder „mit Hilfe von" bzw. „mittels". Wäre das „durch" richtig, lägen ziemlich komplizierte Fälle vor: Der Raser müsste das Werkzeug gewesen sein, mit dessen Hilfe ein Unfall inszeniert wurde. Im zweiten Fall hätte sich vielleicht ein Konzern eines Konkurrenten bedient um eine Firma zu übernehmen.
Falsch sind auch:
„… **Durch** *den behandelnden Notarzt erlangte der Vierjährige wieder das Bewusstsein.*"(Besser wäre: Ein Notarzt behandelte den Vierjährigen, **sodass** dieser wieder zu Bewusstsein kam.)
„… *wurde der Verkehr **durch** die Polizei umgeleitet.*" (Ob die bedauernswerten Beamten das überlebt haben?)

*„… **Durch** Zeugenaussagen konnte die Polizei einen Mann festnehmen, der …"*
(Die Polizei hat den Mann wohl **aufgrund** von Zeugenaussagen festgenommen.)

▷   „Vergangene Woche war die letzte"

Niemand würde die „Latter-Day Saints" mit „Heilige der vergangenen Tage" übersetzen. Und doch werden „vergangene Tage" und „letzte Tage" oft verwechselt. Allgemeine Zeitangaben wie *„der letzte Sommer"*, *„in der letzten Woche"* oder *„im letzten Jahr"* sollten nicht sein. Besser sind „der vergangene Sommer", „in der vergangenen Woche" und „vergangenes Jahr".

Anders dagegen, wenn ausdrücklich der letzte Abschnitt eines Zeitraums gemeint ist: Die „letzten Tage vor Weihnachten", „die letzte Woche vor der Wahl" oder „in den letzten Sekunden vor dem Start".

▷   „Ursache mit und ohne Grund"

Die Begriffe „Ursache" und „Grund" werden oft durcheinander gebracht. Ein Flugzeug stürzt nicht aus einem bestimmten Grund ab. Der Absturz hat aber immer eine Ursache. Auch Nebel auf der Autobahn kann nur die Ursache für eine Massenkarambolage sein, nicht der Grund.

Umgekehrt streiten sich Menschen meist aus einem bestimmten Grund, nicht wegen einer Ursache. Für den Streit kann es höchstens einen Auslöser geben. Auch wichtige Entscheidungen sollten begründet sein. Schlecht begründete Entscheidungen können allerdings die Ursache für schlimme Folgen sein.

▷   „Deshalb nicht dadurch"

Was tun, wenn ein Ereignis oder eine Entscheidung dargestellt werden, die aufgrund einer bestimmten Voraussetzung notwendig oder möglich wurde? Man kann zum Beispiel mit „deshalb …" einleiten. Geht es aber um eine Folge, für die zuvor eine Bedingung erfüllt wurde, steht oft „dadurch …". Leider wird beides oft verwechselt:

*… war der Platz völlig aufgeweicht. **Dadurch** musste das Spiel abgesagt werden.*

Das Spiel wurde natürlich nicht abgesagt, *indem* jemand den Platz aufgeweichte, sondern *weil* der Platz nicht bespielbar war. Es muss also „deshalb" stehen. Feststellungen mit „deshalb …" antworten fast immer auf Fragen, die auch mit „weil …" beantwortet werden könnten.

Dagegen wird das Wort „dadurch" meist für Aussagen gebraucht, für die vorher die Voraussetzung geschaffen wurde. Falsch wäre also:
„ … *ein Loch in den Damm gesprengt. **Deshalb** konnte ein Teil des Wassers abflie-ßen. …*" Der Damm wurde geöffnet, damit das Wasser abfließen konnte. Es sollte also heißen: „… *Loch in den Damm gesprengt. **Dadurch** konnte ein Teil des Was-sers abfließen. …*" Und **dadurch** wurde der Damm entlastet. **Deshalb** haben die Behörden entlang des Damms Entwarnung gegeben.

▷   „Offenbar nur scheinbar anscheinend"

Auch die Unterscheidung von „offenbar", „anscheinend" und „scheinbar" fällt of-fenbar nicht leicht:

> … Die Steuerfahndung stellt ihre Ermittlungen gegen den FC Leisa ein. Durch die Nachzahlung einer sechsstelligen Summe wird die Steuerschuld des Fußball-Ober-ligisten **anscheinend** abgegolten.

Mit „*anscheinend*" drückt der Redakteur aus, dass er keine Ahnung hat, ob damit die Steuerschuld wirklich abgegolten ist.

> … Damit ist die Führungskrise am Stadttheater **scheinbar** abgewendet.

Die Krise ist allem Anschein nach tatsächlich abgewendet, deshalb muss es „an-scheinend" oder „offenbar" heißen. „*Scheinbar*"würde bedeuten: die Krise ist nicht abgewendet, aber es soll der Anschein erweckt werden, als ob. Der umgekehrte Fall kommt ebenfalls oft vor:

> … ging die Polizei **anscheinend** auf die Forderung des Erpressers ein. Bei der verein-barten Geldübergabe griffen die Beamten zu.

Da die Forderung nur zum Schein erfüllt wurde, muss „scheinbar" stehen.

▷   „Halb so groß als wie"

Ein weiterer Spezialfall betrifft Vergleiche mit „als" oder „wie". Werden unter-schiedliche Größen gegenüber gestellt, steht „als" („mehr als", „größer als", „äl-ter als" …). Gleiches wird mit „wie" verbunden („genauso groß wie …", „ähnlich wie …", „so alt wie …").
    Oft falsch gemacht wird:

> … wurde doppelt so viel ausgegeben **als** im Vorjahr.

In diesem Fall muss „wie" stehen („genauso viel wie das Doppelte"). Dasselbe gilt für: „halb so groß **wie** …", „dreimal so lang **wie** …", „nicht so teuer **wie** …"

Das Wörtchen „als" wird übrigens oft auch in einem ganz anderen Zusammenhang falsch eingesetzt:

„… *hatte die Jury ihn **als** Sieger erklärt.*" (Hier muss „zum" stehen.)

▷   „Beziehungsweise oder und"

Sehr beliebt ist das Wort „beziehungsweise" – leider zuweilen auch an der falschen Stelle (anstatt eines „oder", „und" oder „genauer gesagt"):

„… *sind die Gemeinden bzw. Landkreise zuständig. …*" (richtig: „und"/"oder")

„… *Die Bergung der Toten bzw. Verletzten verlief …*" (richtig: „und")

„… *Er wohnt in Wien bzw. Grinzing bei Wien.*" (richtig: „…, genauer gesagt in …")

„Beziehungsweise" drückt aus, dass sich etwas auf zwei verschiedene Subjekte bezieht: „… *Kleinkinder und Schüler und ihre Kindergärtnerinnen bzw. Lehrer …*".

Wenn von Eltern die Rede ist, sind Mütter **und** Väter gemeint – nicht Mütter **bzw.** Väter.

Umgekehrt wird das Wörtchen „und" zuweilen falsch gebraucht:

„… *Die beiden Opfer waren erschlagen **und** erstochen worden.*" In diesem Fall muss es „beziehungsweise" heißen. Andernfalls wären beide Opfer sowohl erschlagen als auch erstochen worden.

▷   „In Teilen teilweise"

Vor allem in Meldungen über Unfälle und Brände wimmelt es von „*teilweise schwer verletzten*" Menschen:

„… *wurden die fünf Insassen teilweise schwer verletzt.*" Oder: „… *erlitten mehrere Bewohner zum Teil schwere Verbrennungen.*"

Warum die armen Menschen teilen? Humaner wäre, die Zahl der Verletzten zu melden und dann anzuhängen „ …, einige von ihnen schwer".

Wenn Polizei oder Feuerwehr nicht mitgeteilt haben, ob es einen oder mehrere Schwerverletzte gibt, muss nachrecherchiert werden. „*Teilweise Schwerverletzte*" sollten wir jedenfalls in den Nachrichten nicht dulden – genauso wenig wie „*teilweise polizeibekannte Jugendliche*" oder „*teilweise gewalttätige Demonstranten*" usw.

▷   Sätze so zu Ende bringen wie sie anfänglich gedacht waren

Im Wetterbericht taucht immer wieder eine abenteuerliche Formulierung auf, die offenbar aus der Kreuzung zweier richtiger Angaben entstanden ist:

… Höchsttemperaturen **zwischen** 7 **bis** 15 Grad.

Entstanden ist dieser verunglückte Mischling wahrscheinlich aus der Temperaturangabe „**zwischen** 7 **und** 15 Grad" und den „Höchsttemperaturen **von** 7 **bis** 15 Grad".

Solche Mischformen kommen öfters vor und entstehen meist durch gedankliche Sprünge: Der Autor beginnt eine Formulierung, dann fällt ihm ein anderer Einstieg ein und er beendet den Satz passend zu diesem anderen Einstieg – und vergisst, den Anfang tatsächlich entsprechend zu ändern. Auf diese Weise kommt es immer wieder zu merkwürdigen Formulierungen:

„*… hat es abgelehnt, eine **Regierungserklärung zu halten**.*" Richtig wäre eine „Rede zu halten" oder eine „Regierungserklärung abzugeben".

„*… hat das Land **Maßnahmen vorgenommen**, die …*" Richtig wäre „Maßnahmen ergriffen" oder „Änderungen vorgenommen".

„*… Die Bürger haben … entschieden. **Die Abstimmung** hatten die Umweltschützer durch ein Referendum **erzielt**.*" Das hielt der Autor wohl für einen Erfolg, den die Umweltschützer „erzielt" haben. Die Abstimmung haben sie jedenfalls bestenfalls „erzwungen" oder „durchgesetzt".

„*… sei von den Vermissten **jede Spur abgebrochen**.*" Da ist wohl der „Kontakt abgebrochen" und es „fehlt jede Spur" (vielleicht wurde auch eine anfängliche Spur verloren). Man spürt förmlich, wie der Redakteur zwischen diesen Formulierungen geschwankt und dann eine unglückliche Mischform gewählt hat.

„*… Der Kreisvorsitzende … ist **von seinem Amt abgesetzt** worden.…*" Nicht das Amt hat seinen Kreisvorsitzenden abgesetzt. Der wurde schlicht „abgesetzt" oder „von seinem Amt entbunden".

▷   Bestimmte und unbestimmte Artikel nicht willkürlich verwenden

Oft darf der bestimmte Artikel nur dann stehen, wenn das zugehörige Substantiv oder der Sachverhalt schon eingeführt ist, andernfalls braucht man den unbestimmten Artikel.

„*Kurzenoog:* **Der** durch Hundebisse schwerverletzte Mann …"

Wenn der arme Mann nicht schon seit Tagen durch die Nachrichten geistert, sollte es **ein** Mann sein. Der unbestimmte Artikel wäre auch im folgenden Fall angebracht gewesen:

> *Rath*: Die Rather Stadtverwaltung sieht keinen Grund, den Leiter der Feuerwehr, Herbert Hausmann, während **des** Disziplinarverfahrens vom Dienst auszuschließen. Es bestünden keine Zweifel an Hausmanns Fähigkeiten, sagte …

Wenn das Disziplinarverfahren nicht als allgemein bekannt vorausgesetzt werden kann, geht es darum, dass der Feuerwehr-Chef trotz **eines** anhängigen Disziplinarverfahrens nicht vom Dienst ausgeschlossen wird.

Der falsche Einsatz von bestimmten Artikeln kann auch Verwirrung stiften:

> *Bölkow*: Bei einem Unfall auf der B 123 Ist ein Mensch ums Leben gekommen. **Der** 38-jährige Autofahrer war nach Polizeiangaben aus ungeklärter Ursache … Bei dem Unfall erlitt sein Beifahrer schwere Kopfverletzungen. Er starb noch in der Nacht im Krankenhaus. Der Fahrer wurde leicht verletzt.

Der Artikel „der" zu Beginn des 2. Satzes suggeriert, dass der Tote und der Fahrer identisch sind – erst später wird klar, dass nicht der Fahrer sondern der Beifahrer tot ist.

Manchmal sind Artikel (egal, ob bestimmt oder unbestimmt) gänzlich überflüssig:

> … In sieben Orten der Region haben sich die Wähler gestern für **einen** neuen Bürgermeister entschieden. …

Wahrscheinlich teilen sich die sieben Ortschaften nicht ein und denselben Bürgermeister, sondern es handelt sich um sieben verschiedene Bürgermeister – in diesem Fall muss der Artikel entfallen: „… für neue Bürgermeister entschieden. …". Noch schnörkelloser wäre freilich, wenn die Menschen ihre neuen Bürgermeister ganz schlicht „gewählt" hätten.

Auch der folgende Artikel ist überflüssig:

> … Heike Berger von Freien Wählern ist **die** neue Landrätin in…

▸   Menschen sind kein Material

Besonders peinlich sind Formulierungen, die nicht zwischen Menschen und Sachen unterscheiden:

> … 320 Pfarrer in den Ruhestand gehen, wird der theologische Nachwuchs bereits heute zur **Mangelware** …

... vor dem Weltjugendtag ... Die mit 140 **mengenmäßig** meisten Gäste kommen nach Bistumsangaben aus Panama, 40 kommen aus der Türkei. ...
... mit diesem **Spielermaterial** kein Platz in der oberen Tabellenhälfte möglich sei.

▶   „Wenn Unfälle töten"

Leider kommen bei Unfällen immer wieder Menschen ums Leben. Sie werden aber normalerweise nicht „getötet". Das würde einen Täter voraussetzen. Unfälle, Katastrophen oder Massaker fordern auch keine Todesopfer. In solchen Fällen sterben Menschen, sie kommen ums Leben, ersticken, verbrennen, werden erschossen usw. – aber sie werden nicht geopfert, und schon gar nicht aufgrund der Forderung eines Unfalls oder dergleichen. (vgl. auch „*Der Fahrer prallte gegen einen Baum*")

Übrigens: Nicht jeder Brand oder Unfall und nicht jedes Unwetter ist gleich ein „Unglück" oder gar eine „Katastrophe". Wo dauernd dramatisiert wird, nützen sich starke Worte schnell ab. Für wirklich schlimme Ereignisse stehen uns dann keine adäquaten Begriffe mehr zur Verfügung.

▶   Keine Zahlen- und Namensalate

Meldungen werden unverständlich, wenn sie zu viele Zahlen und/oder Namen enthalten. Meldungen mit mehr als drei Namen oder Zahlen überfordern das Kurzzeitgedächtnis der meisten Hörer.

Vor allem die monatliche Statistik der Arbeitsämter verleitet manche Nachrichtenredakteure dazu, Meldungen mit Arbeitslosenzahlen, Quoten, Vergleichswerten aus dem Vormonat und dem Vorjahr oder Veränderungsraten zu überfrachten. Es gibt aber auch andere Anlässe:

„*Nordstadt*: 66.000 Ausländer aus knapp 110 Staaten leben derzeit in Nordstadt. Das sind 24 % der 265.800 Einwohner. Fast 86 % sind Europäer, jeder Dritte kommt aus einem EU-Staat. Die größte Gruppe stellen die Türken mit 13.500 Einwohnern, gefolgt von .... 1970, also vor 30 Jahren, lebten bei einer Gesamtbevölkerung von 271.000 nur 39.000 Ausländer in der Universitätsstadt."

„*Mönmünde*: ... vier Bewohner verletzt. Das Unglück ereignete sich in der Wohnung einer 63-Jährigen. Ihre zwei Töchter im Alter von 37 und 23 Jahren stürzten ebenso in die Tiefe wie ihr 28-jähriger Sohn und der 13 Jahre alte Enkel. Die 37-Jährige wurde dabei lebensgefährlich verletzt. Die 63-jährige Großmutter ..."

Leimberg: ... ereigneten sich im Großraum Leimberg am Wochenende neun Verkehrsunfälle mit einem Schwerverletzten und einem Schaden von 23.500 Euro. Die Leimberger Polizei meldete acht Unfälle, die Polizeidirektionen Grohn und Polfingen weitere 29. Im gesamten Bereich der Landespolizeidirektion Leimberg, wurden 60 Verkehrsunfälle mit 5 Leichtverletzten und einem Schaden von 160.000 Euro registriert.

Zahlen sollten möglichst auf- oder abgerundet werden. Oft genügen auch ungefähre Angaben („über 100.000", „wenige Ausnahmen" u. ä.). Nicht hilfreich sind Formulierungen wie: *die Zahl der Erwerbslosen im Arbeitsamtsbezirk ging von 41.293 auf 40.832 zurück*".

Auch zu viele Namen können verwirren. Es ist natürlich schön, wenn in den Regionalnachrichten viele Ortsnamen aus dem Sendegebiet auftauchen. Das freut die Marketingstrategen des Senders. Doch trotz der Forderung nach „name-dropping" ist es unsinnig, z. B. alle Dörfer der Region aufzuzählen, in denen die Post ihre Filialen in sog. Postagenturen umwandeln will. Im folgenden Beispiel führte das zu 23(!) Ortsnamen in einer Meldung:

> „**Roos**: Die Deutsche Post AG will nun doch 64 ursprünglich für die Schließung vorgesehene Postagenturen Land erhalten. Allerdings geschieht das nach Informationen des Wirtschaftsministeriums als sogenannte „Postfiliale light" mit reduziertem Basisangebot. Im nördlichen Landesteil sollen 18 solcher Postagenturen erhalten bleiben: im **Ostwald** in **Langenbach**, **Westernhöhe**, **Kälblingen**, **Wahlgelb**, **Rossburg**, **Ohlscheid**, **Unterdrei**, **Fürscheid** und **Bracht**. Im Kreis **Mooren** in **Reinheim**, **Müldorf-Korlich** und **Hochfell** sowie im **Aarekreis** in **Vormagen** und **Mannern**. An **Eisach** und **Brehm** bleiben die kleinen Postfilialen in **Korb**, **Burgelsterbach**, **Bad Henrich** und **Au** erhalten."

Genauso unprofessionell ist die Aufzählung von Straßennamen, die schon im Nachbarort kein Mensch mehr kennt:

> … Die unbekannten Täter hatten insgesamt fünf PKW in den Straßen Birkenweg, Vollhardsring, Steinkampf, Rosenring und Schlesierstraße aufgebrochen. Dabei …

▶   Prozente und Prozentpunkte unterscheiden

Der Unterschied von Prozenten und Prozentpunkten ist vor allem dann wichtig, wenn statistisch relevante Veränderungen gemeldet werden.

Wenn die Arbeitslosenquote von 7 auf 10,5 % steigt, dann steigt sie um 3,5 Prozent**punkte** (das sind in diesem Fall 50 %).

Ein Anstieg von 3 auf 6 % ist eine Verdoppelung, also ein Anstieg um 100 % (die Quote ist dabei um 3 Prozent**punkte** gestiegen.)

▶   Auf korrekte umgangssprachliche Zeitangaben achten

Umgangssprachliche Zeitangaben wie „heute", „gestern", „vorgestern" oder „morgen" sind besser als „am Dienstag" oder gar *am 21. August*" (wenn damit „morgen" gemeint ist). Insbesondere das Wort „heute" sollte nie durch den Namen des Wochentags ersetzt werden.

Eine kleine Stolperfalle kann auch entstehen, wenn zwei scheinbar widersprüchliche Angaben aneinander gereiht werden: *„Heute morgen ist …"* sollte durch **„Heute früh …"** oder **„Am Morgen ist …"** ersetzt werden.

Schwierig ist offenbar auch der richtige Gebrauch von „seit" und „ab":

*„… Der Hangar war **seit Mai** dieses Jahres **angemietet worden.**"* (Der Hangar **ist** zwar **seit** Mai gemietet, aber die Anmietung erfolgte **im** Mai.

*„… Die meisten der Asylbewerber leben schon **ab vorletztes Jahr** in dem Haus."* (richtig: **„seit vorletztem"**)

*„… Die Verordnung gilt schon **ab Beginn** dieses Jahres."* (richtig: **„seit"**)

*„… **Ab** morgen kann das neue Museum **bei einem Tag** der offenen Tür besichtigt werden…."* (Entweder kann das Museum morgen bei einem Tag der Offenen Tür oder ab morgen für mehrere Tage besichtigt werden.)

▻   „Knapp daneben ist auch daneben"

In den Nachrichten wimmelt es von Beispielen sprachlich gewagter oder schlicht falscher Wortwahl. Redakteure verteidigen sich manchmal mit Hinweisen wie: „das versendet sich" oder: „die Hörer verstehen schon, was ich gemeint habe". Damit sollte man sich nicht zufrieden geben. Hier noch ein paar weitere Formulierungen aus der Fülle des bundesdeutschen Nachrichtenangebots:

… Die Unfall**ursache lag** an der ungenügenden Absicherung …
… fuhr die Autofahrerin **dem** Motorrad auf.
… ob er mit dem **Vorsatz** in die Wohnung eingedrungen war, den Mieter umbringen **zu wollen** …
… **Die häufigsten Fehler machen** Ärzte bei Hüft- und Kniegelenksoperationen. …
… verurteilt worden. Alle vier müssen sich **eine Zollstrafe** von 2,7 Millionen Euro **teilen.**
… hatte sich als Polizist ausgegeben. Kurz darauf flüchtet der **falsche Täter** …
… **Im Durchschnitt** stimmten 57 % der Stimmberechtigten für die Verfassung.
… **Die Zahl der knapp 100** Brachflächen sei stark **zurückgegangen.**
… Sie hatte ihrer Mutter gesagt, sie wolle **baden gehen,** ist dann aber nicht mehr **aufgetaucht.**
… Der SC Klopp **hat auch im fünften Anlauf** bei 1860 Rauf gestern das Regionalligaspiel mit 1:3 **verloren.**
… Die Staatsanwaltschaft verzichtet **trotz gegenteiliger Überzeugung** darauf, den verdächtigen Sohn des Bauern wegen Brandstiftung anzuklagen.
… stauten sich auf 5 Kilometer Länge. Kurz bevor sich **der Verkehr auflöste,** krachte es erneut …
Die Angaben zu Besucherzahlen des Festes **weichen deutlich auseinander.** Die Polizei spricht von …

… Haschisch auf Kommission verkauft haben. Als der Mann dann nur einen Teil
des Rauschgifts bezahlt hatte, habe der Angeklagte den Bruder des Käufers mit einer
Waffe **auf Herausgabe** des restlichen Geldes **bedroht.**
… Die IHK verzeichnet einen starken **Zuwachs der Ausbildungsverträge.**
… Über die Motive seiner Drohung **gab** der Angeklagte nichts **bekannt.**
… versuchten die Ärzte, das Leben des Mannes zu retten. Doch die **Verletzungen
waren zu groß.**
… sind die Beschränkungen **niedriger** ausgefallen als befürchtet.
… Der Schaden **geht in die Millionenhöhe.**
… Das Gutachten hatte **mitunter** dazu beigetragen, dass der Gemeinderat die Aus-
baupläne gestoppt hat.
… **Die Arbeitslosenzahlen haben sich** im Vergleich zum Vormonat leicht **entspannt.**
… **bleibt** der alte Landrat **der Neue.**

Wahrscheinlich wären alle diese Fehler bei sorgfältigem Redigieren rechtzeitig
entdeckt und nicht gesendet worden. Hier zeigt sich das eigentliche Problem im
hektischen Nachrichtenalltag: Kaum ein Fehler entsteht, weil der Redakteur des
Deutschen nicht mächtig wäre. Fast immer wird aber unter Zeitdruck formuliert
und dann nur flüchtig redigiert. Zum Nachdenken bleibt selten Zeit. Kaum eine
Formulierung geht schief, weil es der Autor nicht besser wüsste. Er achtet nur nicht
auf stilistische Fallstricke – und schon gehen Formulierungen über den Sender, die
im Nachhinein betrachtet leicht vermeidbar gewesen wären.

10.3   Grammatikalische Fallstricke

Deutsch ist eine schwere Sprache. Das gilt vor allem für die Grammatik. Besonders
oft fallen Fehler auf, die zu tun haben mit korrekten Zeiten, der indirekten Rede
oder richtigen Kasusendungen.

▶   Auf die richtige Zeitenfolge achten

Der Leadsatz sollte im Präsens oder Perfekt stehen. Danach kann die Meldung auch
im Imperfekt fortgesetzt werden:
    „Tecklach: Heute **begannen** *mit dem ersten Spatenstich die Bauarbeiten für den
Neubau der L 114. Bürgermeister Otto sagte …"* (richtig: „… haben … begonnen.
Bürgermeister Otto sagte …")
    Handlungen, die in der Vergangenheit begonnen haben aber noch andauern,
sollten im Perfekt formuliert werden („Die Mitglieder des Vorstands **sind** zusammen **gekommen**, um …").

Spielt eine Handlung in der Vergangenheit, müssen davor liegende Ereignisse ins Plusquamperfekt gesetzt werden („… **stießen** zusammen. Zuvor **hatte** der Motorradfahrer **versucht** …")

Nach einem Satz im Imperfekt kann ein Satz im Präsenz nur dann folgen, wenn ein neuer Sachverhalt angesprochen wird, der in der Gegenwart abläuft. („… hat am Vormittag der Prozess begonnen. Der Angeklagte schwieg bisher. Zur Stunde prüft das Gericht …")

► Imperfekt und Plusquamperfekt nicht verbannen

In der Vergangenheit abgeschlossene Handlungen stehen meist im Imperfekt. Die zugehörige Vorvergangenheit ist das Plusquamperfekt: „… die Einbrecher lösten die Alarmanlage aus. Zuvor hatten schon Passanten die Polizei benachrichtigt."

Manche Nachrichtenredakteure setzen das Plusquamperfekt allerdings viel zu oft ein:

… ist gestern Abend ein Fußgänger ums Leben gekommen. Ein LKW-Fahrer hatte rückwärts in den Hof der Spedition Transtech fahren wollen. Dabei hatte er einen 71-jährigen Mann auf dem Gehweg übersehen. Der Mann war unter ein Hinterrad geraten und überrollt worden. …

Besser wäre gewesen, nach dem Leadsatz direkt ins Imperfekt zu wechseln: „… ist gestern Abend ein Fußgänger ums Leben gekommen. Ein LKW-Fahrer wollte rückwärts in den Hof …". Solche direkte Wechsel vom Perfekt ins Imperfekt kommen auch in der Umgangssprache oft vor.

Übertrieben sind allerdings Bemühungen, ganz ohne Imperfekt und Plusquamperfekt auszukommen, weil eine Meldung dann angeblich umgangssprachlicher klingt. Wer nur noch Präsens und Perfekt zulässt, macht die Sprache mutwillig ärmer – und schwerer verständlich. Wenn Sachverhalte nur noch im Perfekt geschildert werden (weil „sprechsprachlicher"), lassen sich zeitliche Abfolgen kaum noch darstellen. Außerdem wirkt die Aneinanderreihung mehrerer Sätze im Perfekt oft hilflos. Man stelle sich die grade besprochene Meldung vor:

„… ist gestern Abend ein Fußgänger ums Leben gekommen. Ein LKW-Fahrer hat rückwärts in den Hof der Spedition Transtech fahren wollen. Dabei hat er einen Fußgänger übersehen. Der Mann ist unter ein Hinterrad geraten und überrollt worden. …" Das klingt fast wie aus dem Aufsatz eines Grundschülers.

► Kein „Superplusquamperfekt" bilden

Immer beliebter werden Zeiten, die es im Deutschen eigentlich gar nicht gibt. Einfach angehängte „gehabt" oder „gewesen" mögen zwar kreativ sein und künftig

die Grammatik bereichern – sie haben aber in den Nachrichten dieser Tage nichts
verloren:

> … Der Schaffner hatte kurz zuvor noch die Fahrkarte kontrolliert **gehabt**.
> … Die jungen Leute waren nach einem Konzert noch zusammen gesessen **gewesen**,
> als die Skinheads …

Im Deutschen gibt es bisher nur drei Vergangenheitsformen: Imperfekt („hatte",
„war", „kontrollierte", „saßen" etc.), Perfekt („hat gehabt", „ist gewesen", „hat kontrolliert", „sind gesessen" etc.) und Plusquamperfekt („hatte gehabt", „war gewesen",
„hatte kontrolliert", „waren gesessen" etc.)

In der Logik einer „erweiterten Zeitenfolge" müsste auch ein Satz im Futur noch
auszubauen sein. Im Falle des Schaffners also: „Er wird kontrollieren" (Futur 1), „er
wird kontrolliert haben" (Futur 2), „er wird kontrolliert *gehabt* haben" („Superfutur
2"). Wem das immer noch nicht genug ist, kann diese Zeiten auch noch im Passiv
ausprobieren.

Vielleicht entwickelt sich die deutsche Sprache in diese Richtung weiter. Derzeit sollten wir uns allerdings mit Gegenwart, drei Vergangenheiten und zwei Zu-
kunftsformen begnügen.

▶   **Kein „dramatisches Präsens"**

Manchmal fallen Redakteure unvermittelt ins Präsens, um damit eine Meldung besonders aktuell klingen zu lassen.

> *Oberstein*: Ein jugendlicher Autofahrer hat am Morgen an einem Zebrastreifen meh-
> rere Schulkinder angefahren. Ein Mädchen wurde schwer verletzt. Drei Kinder kamen
> mit Schürfwunden und Prellungen davon. Wie die Polizei **mitteilt**, war der Fahrer mit
> hoher Geschwindigkeit …

Die Polizei hat den Unfall bereits mitgeteilt (sonst gäbe es die Meldung nicht). Das
Geschehen wird nicht dadurch aktueller, dass diese Mitteilung in die Gegenwart
verlegt wird. Dieser literarische Kunstgriff ist in Romanen sinnvoll, wenn eine
spannende Handlung besonders dramatisch geschildert werden soll. In den Nachrichten wirkt so etwas bestenfalls aufgesetzt.

▶   **Kein „vergangenes Futur"**

„*… hat morgen zu einer Pressekonferenz eingeladen. …* " – solche Sätze sind in sich
widersprüchlich. Hier fehlt ein Wort: „… hat **für** morgen …". Im obigen Beispiel
ist Einladung bereits erfolgt. Das Wort „morgen" bezieht sich auf die zukünftige
Aktion (die Pressekonferenz). Vorsicht also bei scheinbar künftigen Handlungen.

Niemandem würde einfallen zu sagen: *„Ich bin morgen ins Theater gegangen"* oder *„wir haben nächstes Jahr gute Vorsätze gefasst".*

▷   Konjunktiv und Indikativ korrekt einsetzen

Oft werden Quellen indirekt zitiert. Doch wie sag ich's dem Hörer – im Indikativ oder im Konjunktiv? Arm dran ist, wer dafür in der Hektik des Nachrichtengeschäfts von Fall zu Fall den Duden zu Rate ziehen muss. Schnelle Lösungen für konkrete Fälle wird man dort kaum finden. Deshalb eine Faustregel:

Den **Konjunktiv** braucht man in der Regel nur für die „echte" indirekte Rede, also bei folgender Satzkonstruktion:

Quelle – Verb (Art des Äußerns) – Aussage.

Das klingt komplizierter als es ist. Ein Beispiel:

„Der Politiker – behauptete – , er habe von … nichts gewusst."

Die Quelle ist der Politiker. Dann folgt das Wort „behauptete" (die Art des Äußerns). Danach stehen ein Komma und die eigentliche Aussage.

Der **Indikativ** steht, wenn eine Tatsachenbehauptung durch die vorangestellte Quelle relativiert wird:

„Laut Polizei hatte der Fahrer eine rote Ampel missachtet." (Der Fahrer hat eine rote Ampel missachtet – jedenfalls sagt das die Polizei)

Formal ist diese grammatikalische Konstruktion keine indirekte Rede. Falsch sind also folgende Konjunktive:

*„… Nach Angaben des regionalen Verkehrsverbundes **seien** 95 % der Züge pünktlich."* (richtig: „**sind**")

*„… Laut Polizei **fließe** der Verkehr wieder normal."* (richtig: „**fließt**")

*„… Den Veranstaltern zufolge **seien** alle Sicherheitsbestimmungen eingehalten worden."* (richtig: „**sind**")

*„… Wie der Vorstand mitteilte, **müsse** die Wahl …"* (richtig: „**muss**")

Typische Signalwörter für den Indikativ und den Konjunktiv sind in Tabelle aufgeführt.

▷   Konjunktiv eins und zwei auseinander halten

Besonders schwer fällt vielen Menschen die korrekte Unterscheidung von Konjunktiv 1 (v. a. in der indirekten Rede) und der Konditionalform, dem Konjunktiv 2. Wann also heißt es „sei" und wann „wäre"? Wann muss es „hätte" und wann „habe" heißen? Warum heißt es mal „werde" und dann wieder „würde"?

Tab. 10.1 Signalwörter für Indikativ und Konjunktiv

Für den Indikativ	Für den Konjunktiv
Laut (Polizei)…	*… sagte, …*
… (dem Gericht) zufolge …	*… behauptete, …*
Wie (der Vorstand) mitteilte …	*… teilte mit, …*
Nach Angaben (eines Sprechers) …	*… räumte ein, …*
Nach Informationen (des …)…	*… verwahrte sich gegen den Vorwurf, …*
Nach (Zeugen)aussagen …	*… wies die Behauptung zurück, …*

Die folgende (genau so gesendete) Meldung enthält keinen einzigen korrekten Konjunktiv:

> … sagte, über die Unfallursache **würde** man erst in mehreren Tagen genaueres sagen können. Zuerst **müsste** das Wrack des LKW untersucht werden. Die Untersuchungen **wären** schwierig, weil der Fahrtenschreiber völlig zerstört **wäre**. Man **würde** aber modernste wissenschaftliche Methoden einsetzen, insbesondere was die Analyse der ausgelaufenen Bremsflüssigkeit **beträfe**.

Richtig wäre gewesen:

> „… sagte, über die Unfallursache **werde** man erst in mehreren Tagen genaueres sagen können. Zuerst **müsse** das Wrack des LKW untersucht werden. Die Untersuchungen **seien** schwierig, weil der Fahrtenschreiber völlig zerstört **sei**. Man **werde** aber modernste wissenschaftliche Methoden einsetzen, insbesondere was die Analyse der ausgelaufenen Bremsflüssigkeit **betreffe**."

In der indirekten Rede wird fast immer der Konjunktiv 1 gebraucht („werde", „müsse", „seien", „betreffe", „habe", „könne" etc.). Benutzt man die Konditional-Formen („würde", „müsste", „wären", „beträfe", „hätte", „könnte" etc.), muss noch eine Bedingung („Kondition") folgen, also nicht:

> … Der Trainer räumte ein, dass der Verein in einer schwierigen Lage **wäre**.

Richtig ist: „… Der Trainer… Lage **sei**." Benutzt man das Wörtchen „wäre", muss noch eine Bedingung folgen, z. B.: „Der Trainer räumte ein, dass der Verein in einer schwierigen Lage **wäre**, *wenn* sich der Hauptsponsor wirklich zurückgezogen hätte."

Dasselbe gilt für „hätte" und „habe". Also nicht:

> …teilte mit, man **hätte** das gesunkene Schiff gehoben, das Wrack **würde** untersucht.

Wenn das Schiff tatsächlich gehoben wurde und das Wrack wirklich untersucht wird, muss es heißen: „… man **habe** das Schiff gehoben, das Wrack **werde** untersucht." Andernfalls müssten Bedingungen genannt werden (z. B.: „… **würde** untersucht, *wenn* dafür Geld bereitstünde.")

Tab. 10.2 Typische Beispiele für Konjunktiv 1 und 2

Konjunktiv 1	Konjunktiv 2 (Konditional)
… sei …	… wäre …
… werde …	… würde …
… habe …	… hätte …
… müsse …	… müsste …
… könne …	… könnte …
… nehme …	… nähme …
… laufe …	… liefe …
… gestehe …	… gestünde …
… verbringe …	… verbrächte …
… fließe …	… flösse …

Die Konditionalform steht nur, wenn eine Bedingung („Kondition") folgt!

Die Konditionalform drückt also immer aus, dass es noch eine (bislang noch unerfüllte) Bedingung gibt.

Kompromisse wie „… wissen täte …" sind kein Ausweg!

Typische Beispiele für Konjunktiv 1 und 2 zeigt Tab. 10.2.

Von dieser Regel gibt es zwei wichtige Ausnahmen:

Wenn der Konjunktiv gleich klingt wie die Imperfekt-Form, darf mit „würde" umschrieben werden:

statt „… sagte, Unbekannte *klingelten* an Haustüren und *versuchten*, die Bewohner …" darf auch stehen: „… sagte, Unbekannte würden an Haustüren klingeln und versuchen, die Bewohner …").

Wenn der korrekte Konjunktiv gespreizt klingt, darf die würde-Konstruktion stehen:

statt „… sagte, er *empföhle* mit Nein zu stimmen" steht: „… sagte, er würde empfehlen mit Nein zu stimmen". Entsprechendes gilt zum Beispiel für die Konjunktivformen von befehlen (*beföhle*), sprießen (*sprösse*), ringen (*ränge*), kriechen (*kröche*) u. a.

▷ **Den Genitiv und den Dativ richtig einsetzen**

Wer den Genitiv retten will, verzichtet auf zusammengesetzte Substantive wie den „*Kanzler-Intimus*" (Intimus des Kanzlers), die „*Bürgermeister-Gattin*" (Gattin des Bürgermeisters), oder den „*IHK-Beauftragten*". Beim „*IHK-Beauftragten*" ist übrigens nicht automatisch klar, ob es um einen Beauftragten der IHK (vgl. den „SPD-Unterhändler") oder einen **für die** IHK handelt (vgl. den „Datenschutz-Beauftragten").

Weit verbreitet sind sprachlich kuriose Mischungen aus Genitiv und Dativ. Der Genitiv von „jeder Monat" heißt „jedes Monats" (nicht *jeden Monats*). Dem entsprechend heißt es auch: Der Beginn dieses Jahres und im Sommer jenes Jahres (nicht *diesen und jenen Jahres*).

Falsche Kasus-Endungen sind auch im Dativ beliebt (... *gratulierte dem preisgekrönten Autoren* ...)

Auch auf manche Verben muss ein Genitiv folgen. Beispielsweise gedenkt man des Genitivs. Dem Dativ zu gedenken wäre falsch.

Und zu guter Letzt: viele Präpositionen verlangen den Genitiv, andere den Dativ. Auch da kommt zuweilen was durcheinander. Tabelle 10.3. listet die wichtigsten Präpositionen auf, die den Genitiv bzw. den Dativ verlangen.

▶   Keine „Super-Superlative" bilden

Superlative sind wichtig, dürfen aber nicht zweimal in einem Wort untergebracht werden. „Bestmöglich", „nächstliegend" oder „frühestmöglich" lassen sich nicht weiter steigern durch „*bestmöglichst*", „*nächstliegendst*" oder „*frühestmöglichst*".

Merkwürdig klingt es auch, wenn Wörter gesteigert werden, die eigentlich schon super sind. Die „*idealste*" Besetzung an der „*zentralsten*" Stelle ist nicht die „*optimalste*" Lösung, auch wenn die Duden-Redaktion mittlerweile den „*aktuellsten*" Verkehrsservice zulässt und nicht für den „*größten Super-GAU*" hält (sozusagen den „*superlativsten*" größten anzunehmenden Unfall überhaupt).

10.4   Sprache zum Sprechen

Die interessantesten Meldungen sind für die Katz, wenn der Sprecher oder die Sprecherin sie nicht deutlich rüberbringen kann. Oft gelingt es sogar dem Redakteur selbst nicht, seinen eigenen Text am Mikrofon korrekt zu artikulieren. Das liegt meist daran, dass beim Formulieren der Unterschied zwischen Schriftdeutsch und Radiosprache nicht bedacht wurde.

▶   Vorsicht Anführungszeichen

Nur sehr guten Profis gelingt es, Anführungszeichen hörbar zu machen. Im folgenden Beispiel gehen Fließtext und Zitat nahtlos ineinander über:

> ... haben die Mitglieder des Arbeitskreises ‚AKW Meilerstatt stilllegen sofort' Protestaktionen beschlossen ...

Tab. 10.3 Präpositionen und Kasus

Der Genitiv folgt auf:	Der Dativ folgt auf:
dank (des Einsatzes) ...	**entgegen** (ihrem Plan) ...
angesichts (des Orkans) ...	**nahe** (dem Unfallort) ...
innerhalb (eines Betriebs) ...	**entsprechend** (dem Protokoll) ...
mittels (eines Tricks) ...	
statt (des erhofften Gewinns) ...	
unweit (des Tatorts) ...	
während (des Gewitters) ...	
infolge (des Unfalls) ...	
Beide Fälle sind erlaubt nach*:	
einschließlich	
trotz ...	
wegen ...	
* mit Artikel folgt meist der Genitiv, ohne Artikel der Dativ: „Einschließlich des Portos ..." (Genitiv) oder: „Einschließlich Porto ..." „Trotz des Sturms und des Regens ..." (Genitiv) oder: „Trotz Sturm und Regen" (Dativ) „Wegen des Hochwassers ..." (Genitiv) oder: „Wegen Hochwasser ..." (Dativ)	

Ob alle Hörer begriffen haben, dass das Wörtchen „sofort" noch zum Namen des Arbeitskreises gehört? Der Arbeitskreis könnte auch sofortige Proteste beschlossen haben. Ähnlich unklar ist die Zuordnung in dieser Meldung:

> ... Die Arbeitsgemeinschaft der Stadt, „Arge", die im Zuge der Hartz-IV-Gesetze gegründet wurde, ...

Das klingt, als ob „Arge" der Name einer Stadt sei.

Im folgenden Beispiel dürften die Hörer erst bei „GmbH" gemerkt haben, dass irgendwann vorher ein Eigenname begonnen haben muss:

> ... Das Hochgauer „Gemeinschaftswerk für Menschen mit Behinderungen GmbH" will im kommenden Jahr ...

Nicht nur Eigennamen müssen deutlich abgesetzt werden. Auch wörtliche Zitate dürfen nicht so klingen, als gehörten sie zu den Formulierungen des Redakteurs:

> ... Der Oberbürgermeister dankte dem scheidenden Theaterleiter für „Kunst mit allen Ecken und Kanten" ...

In solchen Fällen hilft ein „so wörtlich": ... Der Oberbürgermeister dankte dem scheidenden Theaterleiter für, so wörtlich: ‚Kunst mit allen Ecken und Kanten' ....

Auch in dieser Meldung konnten die Hörer wahrscheinlich nicht erkennen, wo das Zitat begann:

… bekommt die Auszeichnung für ihre „vorbildliche Stärkung der Rolle der Frau in Politik, Gesellschaft und Medien". In der Laudatio heißt es weiter …

▷ **Einen virtuellen Gedankenstrich hört niemand**

Falsche Satzstellungen wirken in der gesprochenen Sprache manchmal noch schlechter als im geschriebenen Deutsch. In gedruckten Texten kann ein Nachklapp mit einem Gedankenstrich angehängt werden. Was schriftlich durchaus ein gängiges Stilmittel ist, geht beim gesprochenen Text oft schief:

> „… Nach Angaben der Polizei haben die Diebe rund 500 Liter Diesel abgezapft – aus den Arbeitsmaschinen im Hof. ...
> … Zeitgleich wird in der Katharinenkirche eine Ausstellung eröffnet - mit sizilianischen Altartüchern.
> … Die Stadt will das Gebäude für acht bis zehn Millionen Euro verkaufen – an Unternehmen, die dort …
> … werde man wohl schon bald die ersten braunen Kastanien sehen – als Folge des Befalls mit der Miniermotte.
> … Der über Bord gegangene Segler hatte bereits selbst erfolgreich Hilfe organisiert – mit einem wasserdicht verpackten Handy.

In allen diesen Fällen muss der nachgestellte Satzteil an der richtigen Stelle eingebaut, als Nebensatz formuliert oder in einen eigenen Satz gepackt werden.

▷ **„Gender correctness" nicht überziehen**

Politisch korrekte Formulierungen wie *„Soldatinnen und Soldaten"* oder „Demonstrantinnen und Demonstranten" sind in den Nachrichten nicht immer sinnvoll. Wer zu allen Substantiven konsequent die männliche und die weibliche Form nennt, kann einen Text ganz schnell ins Lächerliche ziehen. Oft lassen sich solche Probleme vermeiden, in dem man (!) neutrale Substantive verwendet (statt „Lehrerinnen und Lehrern" können auch mal „Lehrkräfte" unterrichten, „Teilnehmerinnen" und „Teilnehmer" sind schlicht „Teilnehmende"). Die Suche nach solchen neutralen Begriffen darf aber nicht zwanghaft werden. Wer aus „Beamten" ständig „Staatsbedienstete" und aus „Polizisten" immer „Ordnungskräfte" macht, tut dem Anliegen der „gender correctness" keinen Gefallen.

Wenn von einer Frau die Rede ist, muss ihre Tätigkeit oder Funktion genauso genannt werden wie bei einem Mann und zwar in der weiblichen Form. Ein Mädchen wird nicht Soldat oder Lehrer sondern Soldatin oder Lehrerin. Eine Frau ist Präsidentin, Kanzlerin, Vorsitzende, Ministerin etc.

Metaphern wie das „*starke*" und das „*schwache Geschlecht*" haben übrigens in
den Nachrichten nichts verloren (vgl. auch *Synonyme und Metaphern vermeiden*).

▶   Vorsicht Zungenbrecher

Manche Zungenbrecher fallen auf dem Papier nicht sonderlich auf. Ihre volle
Wucht entfalten sie erst am Mikrofon. Die folgenden drei Beispiele gingen in der
Sendung gründlich schief:

> … Gestern Vormittag überholte der tschechische Skoda zwischen den Anschlussstel-
> len Schlohdorf Ost und Schlohdorf-West einen Sattelzug rechts. Anschließend über-
> holte er weitere Autos links und rechts und bremste schließlich einen 66-Jährigen
> aus …
> … als blinder Alarm erwiesen. Ein in eine Zeitung eingewickeltes Paket…
> … haben den diesem Antrag zugrundeliegenden Beschluss ignorierend gefordert,
> dass …

▶   Möglichst nicht zwei Präpositionen oder Zeitangaben hintereinander

Zwei Präpositionen hintereinander („*auf über* ihn verbreitete Gerüchte …") sind
nicht nur sprachlich schlecht – sie können auch beim Sprechen am Mikrofon ir-
ritieren. Das gilt besonders, wenn zwei gleiche Präpositionen hintereinander verwendet werden:

> … **Im im** Entstehen begriffenen Kleinkunsthaus wird heute…

Vorsicht auch bei zweiteiligen Zeitangaben:

> „… **Gestern Morgen** sind … schwer verletzt worden." (besser: „**Gestern früh**")

▶   So formulieren, dass falsche Betonungen vermieden werden

Die richtige Betonung ist vor allem bei Gegenüberstellungen wichtig. Dabei kann
man dem Sprecher helfen, indem man schon beim Texten auf klare Abgrenzungen
achtet. Also z. B. nicht zwei Aussagen unterschiedlicher Urheber einfach aneinander reihen:

> … folgten den Vorschlägen des Stadtoberhauptes. Der Landrat hatte angeregt …

Stadtoberhaupt und Landrat sind zwei verschiedene Personen. Wenn in dieser Konstruktion das Wörtchen „angeregt" betont und über den „Landrat" hinweggelesen wird, kommt die Gegenüberstellung bei den Hörern nicht an. Besser ist, schon beim Formulieren für klare Verhältnisse zu sorgen:

> … folgten den Vorstellungen des Stadtoberhauptes. Dagegen hatte der Landrat angeregt …

Noch schwerer zu lesen sind Sätze, die gleich mehrere Gegenüberstellungen enthalten:

> … zeigte sich, dass Männer in der Regel aggressiver fahren als Frauen, besonders junge Fahrer verursachen mehr Unfälle als ältere Verkehrsteilnehmer.

In solchen Fällen hilft es, die beiden Aussagen zu entzerren und zwei Sätze zu bilden:

> … zeigte sich, dass Männer in der Regel aggressiver fahren als Frauen. Außerdem belegt die Studie, dass junge Autofahrer mehr Unfälle verursachen als ältere.

Auch unklare Bezüge können zu falschen Betonungen oder Sprechpausen und damit zu Missverständnissen führen:

> „… *waren die Jugendlichen am Morgen in der Nähe einer Musikveranstaltung auf einer Wiese von einem Auto erfasst worden. …*" (Fand die Musikveranstaltung auf einer Wiese statt oder wurden die Jugendlichen auf der Wiese von einem Auto erfasst?)

> „… *Im Strafprozess gegen die ehemalige FC-Führung sind erneut geladene Zeugen nicht erschienen.*" (erneut geladene Zeugen oder Zeugen erneut nicht erschienen?)

> Legendär ist jener Sprecher, bei dem 1982 während des sog. Falklandkrieges „durch die Magellanstraße 14 *<Pause>* Kriegsschiffe gefahren" sind. Man sollte nicht versuchen ihn zu übertreffen.

Originaltöne von Politikern, Sportlern, Wirtschaftsvertretern, Vereinssprechern usw. lockern den Höreindruck einer Nachrichtensendung auf. Außerdem vermitteln solche O-Töne die Botschaft, dass ein Reporter vor Ort war oder zumindest telefonisch Informationen aus erster Hand eingeholt hat.

Korrespondentenberichte erfreuen sich zunehmender Beliebtheit. Das geht so weit, dass immer öfter selbst dann Korrespondentenberichte eingesetzt werden, wenn gar keine Korrespondenten zur Verfügung stehen. Dann bastelt jemand im Studio aus den vorliegenden Pressemitteilungen oder Agenturmeldungen einen Bericht, der den Hörern wie ein echter KB verkauft wird (Redaktionston oder „R-Ton"). Oft firmieren solche Spielereien unter „wellenspezifischem Layout".

Korrespondentenberichte können die Kompetenz eines Senders unterstreichen. Zudem lässt ein KB mehr Raum für Stimmungen und Einschätzungen als eine trockene Nachricht. Auch bei weniger wichtigen Themen kann ein Korrespondentenbericht angebracht sein, um z. B. komplizierte Zusammenhänge besser erklären zu können. Oft kann man in einem KB auch gut zusammenfassen, was Gesprächspartner nicht in wenigen klaren Worten sagen konnten. In jedem Fall gelten für den KB ganz ähnliche Regeln wie für eine Meldung: Das Wichtigste zuerst und einfach formulieren.

11.1 Trocken melden oder mit KB/O-Ton?

Wichtige Themen können dadurch hervorgehoben werden, dass sie nicht mit einer einfachen Meldung sondern mit einem Korrespondentenbericht abgehandelt werden. Zu einfach wäre aber der Grundsatz „je wichtiger, desto eher ein KB" oder noch schlimmer: „je weniger wichtig, desto weniger ein KB". Oft bieten sich KBs grade bei bunten Themen an, die ihren Reiz in nüchternem Meldungsdeutsch kaum entfalten könnten.

K.-A. Immel, *Regionalnachrichten im Hörfunk*,
DOI 10.1007/978-3-658-04893-8_11, © Springer Fachmedien Wiesbaden 2014

Manche Meldungen wirken authentischer, wenn statt des Zitats in indirekter
Rede ein O-Ton eingebaut wird. Solche O-Töne müssen aber tragen, d. h. sie müssen Information vermitteln. Es ist unprofessionell, O-Töne nur der Stimmenvielfalt
wegen einzusetzen.

Oft werden KBs oder O-Töne gesendet, weil sie verarbeitet werden müssen, um
ein Ausfallhonorar zu vermeiden. Deshalb sollte man kritisch prüfen, ob z. B. zu
einer Pressekonferenz ein Reporter geschickt wird. Vorsicht insbesondere bei Bi-
lanz- und anderen PKs, die traditionell immer besetzt werden, auch wenn keine
wichtigen Neuigkeiten zu erwarten sind. Ist erst mal jemand vor Ort, muss aus ho-
norartechnischen Gründen meist auch ein KB oder O-Ton gesendet werden – das
schadet manchmal der Qualität der Nachrichten.

11.2 Die Anmoderation

Korrespondentenbericht und Anmoderation gehören zusammen. Die Anmoderation (vergleichbar dem Leadsatz einer Meldung) sollte die wichtigste Botschaft enthalten – auch wenn sie im KB erneut genannt wird und damit doppelt vorkommt.
Im Idealfall liefert die Korrespondentin oder der Korrespondent einen Satz zur Anmoderation gleich mit und hilft Doppelungen zu vermeiden. Auf keinen Fall sollte
man langweilige Leadsätze formulieren:

> „*Polstadt:* Die Grünen haben ihren Landesparteitag fortgesetzt. Anton Maier:“ (folgt
> KB des Korrespondenten Maier mit dem Ergebnis der Vorstandswahlen)

Das Ergebnis der Vorstandswahlen hätte in die Anmoderation gehört – obwohl
dieses Ergebnis im ersten (und womöglich nicht schneidbaren) Satz des KB genannt wurde. Lieber „redundant“ anmoderieren als sich in eine Verlegenheits-An-
moderation flüchten.

Ähnliches gilt für Urteilsverkündungen, Sportereignisse und ähnliches. Anmo-
derationen wie „*… ist heute das Urteil verkündet worden*“, „*… haben gegeneinander
gespielt*“, „*… ist die Entscheidung gefallen*“ entsprechen nichtssagenden Leadsätzen.
Stattdessen müssen das Urteil, das Spielergebnis oder die konkrete Entscheidung
genannt werden.

Nicht immer kann die Anmoderation zu einem KB mitgeliefert werden. Oft
kommen Korrespondentenberichte so knapp vor Beginn der Sendung, dass die
Anmoderation schon vorher „blind“ geschrieben werden muss. Wenn sich so eine
Situation vorher abzeichnet, sollten sich Redaktion und Korrespondent rechtzeitig
absprechen. Klappt das nicht, gilt auch hier: Lieber redundant als nichtssagend.

11.3   Der Korrespondentenbericht (KB)

Für KBs gelten ähnliche Regeln wie für redaktionelle Meldungen: Klare Gliederung, das Wichtigste vorn, einfache Sprache. KBs können aber persönlicher gefärbt sein. Für Anmoderation und KB muss in der Regel mehr Sendezeit eingeplant werden als für eine vergleichbare „trockene" Meldung.

▶   Zu lange KB müssen kürzbar sein

Der ideale KB lässt Raum für eine gute Anmoderation und ist von hinten her kürzbar. Leider bleibt den Korrespondenten oft nicht genügend Zeit sich kurz zu fassen (oder sie nehmen sich diese Zeit nicht).

Wenn ein KB zu lang gerät, muss die Redaktion kürzen. Doch viele KBs sind schwer zu schneiden. Der Grund ist nahezu immer derselbe: Viele Sätze sind so formuliert, dass sie sich auf den vorangegangenen Satz beziehen (der deshalb nicht heraus geschnitten werden kann).

Oft beginnen die Sätze sogar mit „Deshalb ist …", „Andererseits hat …", „Genauso meint …" usw. Solche „Gelenkwörter" sind einerseits gut, wenn sie Gegenüberstellungen, Widersprüche oder Zusammenhänge verdeutlichen. Sie führen aber dazu, dass zu lang geratene Ausführungen nicht geschnitten werden können. Ein „Gelenkwort" zu Beginn des Satzes führt fast immer dazu, dass sich die Satzstellung ändert, dass Subjekt und Prädikat den Platz tauschen. Aus „Sie arbeitet …" wird „Trotzdem arbeitet sie …" Würde man im Audiofile (also dem ins Funkhaus überspielten Hörstück) das „Trotzdem" wegschneiden, würde die Wortstellung nicht mehr stimmen.

Auch beim KB gilt: möglichst einfache Sätze nach dem Schema „Subjekt – Prädikat – Objekt" bilden. Niemals bewusst so formulieren, dass kein Satz raus gekürzt werden kann! (Wer alle seine Worte für unverzichtbar hält, ist einfach nur eitel).

▶   Der KB transportiert auch Stimmungen, Wertungen, Hintergründe

Anders als in einer Nachricht lassen sich im KB auch persönliche Eindrücke vermitteln (z. B. von einem Parteitag oder einer Demonstration). Persönliche Einordnungen sind zulässig, solange die Hörer sie als Einschätzung des Korrespondenten erkennen können.

Oft bieten sich Korrespondentenberichte an, um aktuelle Meldungen vor dem Hintergrund komplizierter Zusammenhänge verständlich zu machen. Das kann Bilanzpressekonferenzen oder Grundsatzurteile genauso betreffen wie finanzpolitische Entscheidungen oder innerparteiliche Streitereien. Anders als der Nachrichtensprecher kann der Korrespondent eine Meldung in einen größeren Kontext einordnen, offene Fragen benennen und Probleme ansprechen.

11.4   Der Original-Ton (O-Ton)

O-Töne können besonders authentisch wirken. Allerdings liefern wichtige Personen nur selten Zitate, die einen Sachverhalt allgemeinverständlich auf den Punkt bringen. Oft ist es deshalb besser, einen Fakt selbst zusammen zu fassen und auf einen O-Ton zu verzichten. Kurze O-Töne nur zur atmosphärischen Verzierung eines KB sind selten gerechtfertigt – etwa bei Glücksfällen wie „Ich bin ein Berliner" oder „Ich habe fertig". Viel häufiger sind allerdings solche Fälle:

O-Ton des Sozialministers innerhalb einer Meldung zum Landeserziehungs-geld: *„Wir werden ... die Flexibilisierung einer Rahmenfrist vom 3. zum 8. Lebensjahr für die Inanspruchnahme des Landeserziehungsgeldes prüfen".*

Ob die Hörer das verstanden haben? Hier wäre ein erklärender Satz besser gewesen als der O-Ton.

Oft werden O-Töne (von Politikern, Konzernchefs, Gewerkschaftsfunktionä-ren, Fußballtrainern o. ä.) ohne einen drum herum gebauten KB in die Nachrichten gestellt:

„XY: Der Gemeinderat hat beschlossen, ... Kritik an der Entscheidung übte Oberbürgermeister Müller: folgt Müller im O-Ton."

Solche O-Töne sind in den Nachrichten prinzipiell zulässig. Allerdings dienen sie selten sachlicher Information. Kaum ein OB kann einen Sachverhalt oder seine Meinung in einer halben Minute zusammenfassen. Manchmal kann aber der Tonfall (gereizt, kämpferisch, gelangweilt etc.) mehr rüber bringen als das in einer trockenen Meldung möglich wäre. Außerdem vermittelt so ein O-Ton das Gefühl, dass der Regionalsender mit seinen Mikrofonen mitten im Geschehen steht. Mit diesem Stilmittel sollte man allerdings sparsam umgehen. Wenn zu oft langweilige O-Töne gesendet werden, kann darunter auch sehr schnell das Image der gesamten Regionalnachrichten leiden.

Die Arbeit in Regionalredaktionen unterscheidet sich meist sehr deutlich von der in einer klassischen Nachrichtenredaktion. Da müssen morgens die verschiedenen Regionalzeitungen gesichtet, Polizeiberichte und Pressemitteilungen gelesen und womöglich nebenher Magazinbeiträge vorbereitet werden. Daneben werden R-Töne („Aufsager") produziert und mit der Zentralredaktion abgesprochen – und das alles meist von nur einer Person. Für das eigentliche Schreiben von regionalen Meldungen bleibt da oft nur wenig Zeit. Umso wichtiger ist, dass die Redakteure routiniert zu Werke gehen. Routine kann man erwerben.

Doch trotz aller Aus- und Weiterbildung: immer wieder gehen verunglückte Meldungen und merkwürdige Formulierungen über den Sender. Wie lässt sich das vermeiden? Wie lassen sich die wichtigsten Regeln für strukturierte Meldungen und gutes Deutsch nachhaltig lernen?

12.1 Pressemitteilungen immer nach demselben Schema bearbeiten

Die meisten Meldungen entstehen aus dem Polizeibericht und den Pressemitteilungen von Behörden, Verbänden, Unternehmen und Vereinen. Leider sitzen in vielen Pressestellen keine Journalisten – dementsprechend fallen die Mitteilungen oft fragwürdig aus. Werbliche Aussagen und unklare Sachverhalte, zweideutige Formulierungen und unsortierte Fakten, Zahlensalate und Fach-Chinesisch können auch gestandene Redakteure zur Verzweiflung bringen.

Für das Schreiben einer Meldung empfiehlt sich fast immer der gleiche Ablauf:

1. Die Pressemitteilung durchlesen und die wichtigste Botschaft herausfiltern.
2. Diese Hauptbotschaft in eigenen Worten als Leadsatz formulieren („wie würde ich's meinem Nachbarn erzählen?")

K.-A. Immel, *Regionalnachrichten im Hörfunk*, 123
DOI 10.1007/978-3-658-04893-8_12, © Springer Fachmedien Wiesbaden 2014

3. Danach konkrete Fakten und evtl. Erläuterungen zu dieser Hauptbotschaft formulieren.
4. Möglicherweise einen oder zwei zusätzliche Aspekte erläutern.
5. Die Meldung durchlesen und auf sachliche Unklarheiten und auf unkorrekte oder komplizierte Formulierungen prüfen. Unnötige Füllwörter streichen, Substantivierungen in Verbalstil umformulieren.

Die Erfahrung lehrt: Wenn der Leadsatz inhaltlich und sprachlich „sitzt", schreibt sich der Rest der Meldung (fast) von selbst. Umgekehrt gilt aber auch: wer sich im Leadsatz verzettelt, kommt meist mit der ganzen Meldung nicht zurande. (vgl. auch 9.3)

12.2 Sich abwechselnd auf bestimmte Fehlertypen konzentrieren

Die meisten Fehler in den Nachrichten entstehen, weil man nicht an einzelne Regeln denkt – nur ganz selten ist wirkliches Unvermögen oder Unwissen im Spiel. Doch kein Mensch kann sich beim Schreiben einer Meldung alle Nachrichtenregeln bewusst machen. Diese Regeln müssen sozusagen verinnerlicht sein. Um das besser zu schaffen, kann ein kleiner Trick helfen:

Hängen Sie in der Redaktion im wöchentlichen oder 14-tägigen Wechsel ein Plakat an die Wand, das auf einen bestimmten Aspekt guter Regionalnachrichten hinweist. Die ganze Redaktion sollte sich dann bemühen, in dieser Zeit auf genau diesen Aspekt zu achten. In der einen Woche wird z. B. besonders darauf geachtet Substantivierungen zu vermeiden. In einer anderen Woche wird an gute Leadsätze erinnert, in wieder einer anderen Woche sollen ganz bewusst keine Namen- oder Zahlensalate produziert werden.

Solche „Merksätze der Woche" könnten z. B. lauten:

- Der Leadsatz ist kurz und steht im Präsens oder Perfekt, enthält die wichtigste Botschaft und setzt nichts voraus (eignet sich im Idealfall als Schlagzeile)
- Kein Bürokratendeutsch: Unnötige Substantivierungen vermeiden – Verbalstil!
- Sätze nicht mit einem Nebensatz beginnen
- Keine Inversion im Leadsatz. Besser: Subjekt – Prädikat – Objekt
- Auf richtige Wortwahl achten: Nicht einfach die „nächstbeste" Präposition oder andere unpassende Worte wählen (oder aus einer PM übernehmen)
- Vorsicht mit Fremdwörtern, Abkürzungen, Fachbegriffen und Markennamen
- Keine Schachtelsätze (stattdessen z. B. Verb vorziehen und Relativsatz bilden oder mehrere kurze Sätze machen)

- Keine Zahlen- und Namensalate: (möglichst nicht mehr als 3 Zahlen bzw. Namen pro Meldung)
- Direkte Sprache: einfach statt umständlich, nicht doppelt verneinen, Aktiv statt Passiv
- Nichts Unnötiges, keine Romane, Vorsicht mit Metaphern und Floskeln
- Indirekte Rede: wenn nicht vermeidbar auf richtigen Konjunktiv achten. Kein Konditional ohne Bedingung („Kondition") – *sei* statt *wäre*, *komme* statt *käme*, *habe* statt *hätte* etc.

Jede Woche einen dieser Merksätze als Plakat an die Wand hängen, danach kann das Spiel von vorn beginnen. Natürlich können auch weitere Merksätze formuliert werden, wenn bestimmte Fehler hartnäckig immer wieder gemacht werden. Die Methode ist beliebig ausbaubar – und kann mittelfristig wahre Wunder bewirken!

12.3 Feedback

In vielen Redaktionen werden die Regionalnachrichten von Einzelkämpfern gemacht – kein Vier-Augen-Prinzip, kein spontanes Feedback. Deshalb sind institutionalisierte Rückmeldungen besonders wichtig. Das kann in kurzen täglichen Besprechungen (notfalls sogar per Telefon) oder in wöchentlichen Sitzungen geschehen.

Qualifiziertes Feedback ist arbeitsintensiv. Jemand muss sich bewusst die Meldungen eines Tages oder der ganzen Woche anhören und auf immer wiederkehrende Fehler, auf besonders gute und schlechte Beispiele achten. Zudem muss Kritik immer konstruktiv sein – also möglichst keine Kritik ohne einen konkreten Verbesserungsvorschlag! In vielen Häusern ist die Kultur des Lobens und Kritisierens nicht sonderlich entwickelt. Gerade die Redakteure von Regionalnachrichten sind aber auf konstruktives Feedback angewiesen wie sonst kaum jemand.

Außer dem traditionellen Hörfunk-Angebot werden zunehmend auch die Internetseiten der Sender genutzt. Sehr häufig werden dabei auch die Regionalnachrichten angeklickt.

Die rasant steigende Zahl von Zugriffen bestätigt die aktuellen Ergebnisse der Medienforschung: Immer mehr Menschen informieren sich über das Internet. Immer mehr Menschen nutzen das Netz auch, um das Neueste aus der Region zu erfahren. Studien zeigen darüber hinaus: Die Zuwachsraten sind bei älteren Menschen besonders hoch. Auch deshalb nehmen die Sender den Ausspielweg Online für Regionalnachrichten sehr ernst.

Allgemein gilt: Online-Lesen braucht etwa 25 % mehr Zeit als Lesen vom Papier. Zugleich kann schnell weg- oder weitergeklickt werden. Beides zusammen bedeutet, dass beim Nutzer keine Langeweile aufkommen darf, weil er sonst ein Angebot schneller wieder verlässt als er eine Zeitung beiseitelegen würde.

Leider stellen noch viele Sender die Regionalnachrichten so ins Netz wie sie auch im Radio verlesen werden (manchmal sogar mit allen Rechtschreibfehlern!). Anders als bei den Welt- oder Landesnachrichten leisten sich viele Sender (noch) nicht den personellen Aufwand, Regionalnachrichten wirklich mediengerecht fürs Internet aufzubereiten.

Auf Dauer wird es nicht reichen, wenn die On-Air-Nachrichten einfach verschriftlicht ins Netz gestellt werden. Zu einer vollständigen Online-Nachricht gehören ein eigenständiger Teaser mit Dachzeile und Überschrift, ein Text mit Zwischenüberschriften, Bild(ern), eventuell Links, Audio- und/oder Videoangebot, vielleicht sogar Grafiken und/oder eine Karte. Derzeit wird dieser Aufwand nur für herausragende überregional interessante Meldungen betrieben, doch prinzipiell sind solche Zutaten auch für jede regionale Meldung denkbar – wenn es dafür ausreichend personelle Kapazitäten gibt.

K.-A. Immel, *Regionalnachrichten im Hörfunk*,
DOI 10.1007/978-3-658-04893-8_13, © Springer Fachmedien Wiesbaden 2014

13.1   Der Teaser

Die Einstiegsseite für die Nachrichten aus einer Region kann nicht bereits alle
aktuellen Nachrichten in voller Länge enthalten. Stattdessen werden die Themen
kurz angerissen und die ausführliche Meldung öffnet sich nach einem Klick auf
„mehr" oder „weiter" („Teaser", von: to tease = locken, anreizen). Natürlich muss
diese Kurzfassung schon wichtige Informationen enthalten, aber sie sollte auch
neugierig machen und zum Anklicken der vollständigen Meldung animieren. Die
beste Meldung nützt schließlich nichts, wenn sie nicht gelesen wird. Dazu kommt:
Klickzahlen gelten als Maßstab für den Erfolg eines Online-Angebots.

▶   Dachzeile und Überschrift sorgen für rasche Orientierung

Jeder Teaser braucht eine Dachzeile (z. B. regionale, thematische oder formale Ver-
ortung) und eine Überschrift. Die Dachzeile kann im Extremfall nur einen Ortsnamen oder einen einordnenden Begriff enthalten. Das erleichtert oft die Formulierung der Überschrift. Beides muss zueinander passen und sich ergänzen, sollte
aber keine Dopplung und natürlich keine Widersprüche enthalten. Manche Sender
haben die Dachzeile auch standardisiert und definieren generell die Ortsmarke
einer Meldung als Dachzeile.
   Die Dachzeile und vor allem die Überschrift müssen für rasche Orientierung
sorgen. Durchschnittlich verweilt ein Nutzer dort weniger als eine Sekunde lang –
wenig Zeit, um sein Interesse zu wecken:

Wandern für einen guten Zweck
Für die Umwelt um die Welt
   Über 20.000 km zu Fuß durch fünf Erdteile – der Oberbacher Heinz
Klienert ist zu einer dreijährigen Wanderung gestartet. Sein Marsch soll auf
bedrohte Naturparadiese aufmerksam machen. Klienert hat prominente
Unterstützer. mehr

Eine gute Überschrift erregt Aufmerksamkeit und signalisiert Aktualität. Wichtig
sind klare Schlüsselbegriffe und starke Verben. Eine gelungene Überschrift ist auf
Anhieb verständlich, enthält also möglichst keine Fremdworte, Fachbegriffe oder
Abkürzungen, keine bürokratischen Formulierungen. Die Überschrift trifft den
Kern des Inhalts – sie darf dem Nutzer nichts versprechen, was er in der Meldung
nicht bekommt. Bunte Beiträge vertragen originelle, provozierende, witzige Über-
schriften. Bei Nachrichten sollte die Überschrift im Zweifelsfall lieber sachlich und
klar als besonders originell formuliert sein.

Für den STERN-Gründer Henry Nannen war einst der „Küchenzuruf" der Stoff aus dem eine gute Schlagzeile (oder ein guter Leadsatz) entsteht. Den ruft der zeitungslesende Mann seiner Frau zu, wenn die aus der Küche fragt: „Was ist denn passiert, Schatz?" Fast immer wird dieser Küchenruf automatisch die wichtigsten der journalistischen W's beantworten (wer, was, wann, wo, wie, warum) – ideal, um daraus die Überschrift zu basteln.

Gelungene Beispiele:

Gaustätter Strandbad eröffnet
Sonnen erlaubt – Baden verboten
   Der erste Gaustätter Badestrand am Wöhlersee ist nach monatelangen Bauarbeiten eröffnet worden. Wegen starker Strömungen und Keimen im Wasser ist das Baden derzeit allerdings verboten. Abhilfe könnte teuer werden. mehr

Strand eröffnet, aber Baden verboten – solche „kognitiven Dissonanzen" sind ein beliebtes Mittel Aufmerksamkeit zu wecken. Eine hübsche Gegenüberstellung enthält auch die folgende Überschrift:

Auf der A4 bei Borat
Tank leer – Fahrer volltrunken
   Auf der A 4 ist gestern Abend ein Sattelschlepper mangels Sprit liegen geblieben. Der Fahrer hatte die blinkende Tankanzeige nicht bemerkt – er hatte 2,8 Promille Alkohol im Blut. Die Polizei war schnell zur Stelle. mehr

Abkürzungen, Fachbegriffe und Metaphern eignen sich dagegen fast nie für gute Schlagzeilen:

Bittere Pille für Verkehrsbetrieb
OLG entscheidet gegen DVB
   Die Deilinger Verkehrsbetriebe (DVB) dürfen öffentlich keine Vergleiche zur privaten Konkurrenz ziehen. Das hat das Oberlandesgericht entschieden. Zwei private Busunternehmer hatten sich gegen abschätzige Aussagen auf Werbeplakaten der DVB gewehrt. weiter

▶ Der Teasertext enthält die wichtigste Botschaft und macht neugierig

Nach der Überschrift folgt ein Text mit bis zu drei Sätzen und ca. 150 bis 300 Zeichen. (Suchergebnisse bei Google zeigen die ersten 160 Zeichen eines Teasers.) Der Teasertext enthält wesentliche Inhalte und wichtige Schlüsselbegriffe, ist einfach und verständlich geschrieben und macht Lust zum Weiterlesen. Wer auf „weiter" klickt, will allerdings nicht enttäuscht werden. Die Meldung muss halten, was der Teaser verspricht.

Im Teaser sind klares Deutsch und einfache Formulierungen besonders wichtig. Das heißt z. B. keine Schachtelsätze, keine Phrasen, keine Füllwörter, keine Allgemeinplätze, stattdessen möglichst konkrete Angaben, ausdrucksstarke Substantive und Verben. Allerdings sollte ein Teaser auch nicht im Telegrammstil verfasst werden, sondern vollständige Sätze (durchaus auch in unterschiedlicher Länge) enthalten. Dabei entscheiden die ersten Worte, ob der Nutzer weiterliest.

Viele Redaktionen sind personell gar nicht so ausgestattet, dass sie für jede Online-Meldung einen eigenen Teaser formulieren könnten. Meist werden einfach die ersten Zeilen einer Meldung als Teaser definiert und automatisch in die Nachrichtenübersicht übernommen. Mit gelungenen Leadsätzen funktioniert das oft ganz gut. Schon der zweite Satz einer Meldung eignet sich aber nur noch selten – insbesondere dann, wenn der Teaser neugierig auf die vollständige Meldung machen soll.

Das kann passieren, wenn die Ortsmarke zur Dachzeile und die ersten Sätze der On-Air-Meldung automatisch zum Teasertext werden:

Umstatt
Internationales Sportcamp Umstatt
  Mehr als hundert Jugendliche aus allen Umstätter Partnerstädten nehmen ab heute am Internationalen Sportcamp in Umstatt teil. Die Jugendlichen kommen unter anderem aus den Umstätter Partnerstädte Rovinj in Kroatien, Noshiro in Japan und Siena in Italien. Neben Sport steht vor allem Kultur auf dem Programm. mehr

Weder Dach- noch Schlagzeile (mit doppelter Ortsnennung!) und auch nicht der Teasertext reizen zum Weiterlesen.

▶   „Fortsetzung folgt" – der Cliffhanger macht neugierig

Der Teaser kann ganz bewusst so formuliert werden, dass bestimmte Aspekte offenbleiben, deren Aufklärung aber angekündigt wird. „Cliffhanger, der Begriff für so eine Konstruktion, stammt aus dem Filmgeschäft. Am Ende eines Films wird noch einmal ein Spannungsbogen aufgebaut aber nicht vollendet. Der neugierig gemachte Zuschauer steht schließlich bildlich gesprochen vor einem Abgrund. Die Auflösung wird nur angekündigt – „Fortsetzung folgt". Für solche „Cliffhanger" gilt: je spannender desto besser. Aber sie dürfen keine Erwartungen wecken, die dann nicht erfüllt werden.

In seriösen Nachrichtenteasern werden die wichtigsten W-Fragen (wer, wo,

DFB-Sieg über Kasachstan
Bundestrainer reagiert sauer
Die WM-Qualifikation ist fast geschafft. Die Deutsche Fußball-Nationalmannschaft hat die Kicker aus Kasachstan im Griff – bis Torhüter Neuer patzt. mehr

was) beantwortet. Das Prinzip „Cliffhanger" darf in den Nachrichten eingesetzt aber nicht überstrapaziert werden:
Erst wenn der geneigte Leser die vollständige Meldung anklickte, erfuhr er das Endergebnis dieses Fußballspiels und Einzelheiten zum Malheur des deutschen Torwarts. Zumindest das Ergebnis hätte in den Teaser gehört. Der Grund für die Verärgerung des Bundestrainers wurde erst am Ende der Meldung erläutert. Dabei stellte sich dann heraus, dass er nicht wütend auf den Torhüter sondern auf die Reaktion der Zuschauer war. Der Teaser hatte da eine falsche Fährte gelegt.

Gelungen ist das folgende Beispiel:

Transplantationen in Deutschland
Immer weniger Herzen und Nieren
Die Bundesregierung steckt Millionen in die Aufklärung über Organspenden. Doch die Zahl der Organspender sinkt stark – mit dramatischen Folgen. weiter

Die wichtigste Information ist genannt. Die „dramatischen Folgen" machen neugierig (und müssen in der Meldung natürlich angesprochen werden).

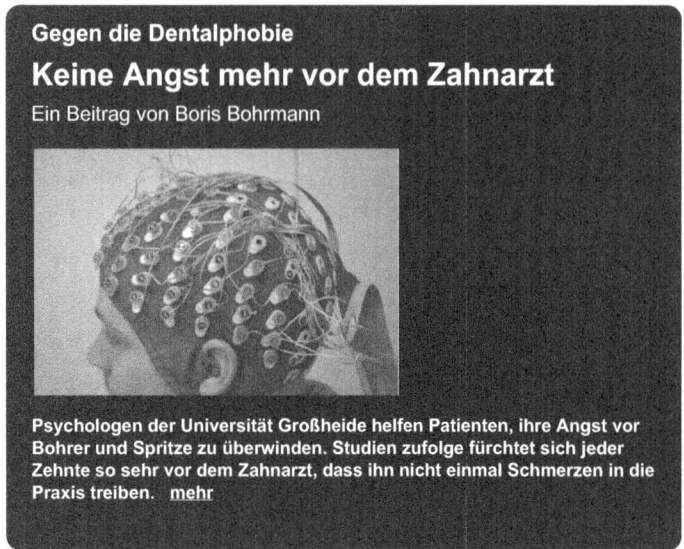

Abb. 13.1 Wenn Bild und Überschrift nicht zusammen passen

▶ Das Bild dient als Blickfang und hilft bei der schnellen Orientierung

Idealerweise gehört zum Teaser ein passendes Bild – möglichst kontrastreich und auf keinen Fall zu kleinteilig. Am besten sind beteiligte Personen, aktuelle Bilder vom Geschehen, „Tatort-Bilder" o. ä. Oft allerdings gibt es solche Bilder nicht, dann kann auch ein thematisch passendes „Genre-Bild" helfen. Dabei darf allerdings nicht der Eindruck erweckt werden, als stamme das Foto aktuell vom Ort des Geschehens. Deshalb gehört in die Bildunterzeile ein entsprechender Hinweis (z. B.: „Archivbild").

Das Teaserbild soll dem Leser auf den ersten Blick einen optischen Eindruck vom Thema der Meldung vermitteln. Deshalb müssen Schlagzeile und Bild zusammenpassen. Schlimmstenfalls können Bilder völlig falsche Assoziationen wecken und den Nutzer auf falsche Fährten locken.

Das Bild in Abb. 13.1 zeigt eine Messung von Gehirnströmen. Von da zum angesprochenen Psychologen und weiter zur Angst vor dem Zahnarzt – das ist eindeutig zu sehr um die Ecke gedacht. Außerdem ist „Dentalphobie" ein Fremdwort, das in freier Übersetzung schlicht „Angst vor dem Zahnarzt" bedeutet. Dachzeile und Überschrift sind also fast identisch.

Auch langweilige Bilder regen nicht zum Lesen an.

50 neue Kitaplätze

Spatenstich für den neuen Kindergarten in der Hafenstraße

Naburg: Die Gemeinde investiert fast 2 Millionen Euro in die Erweiterung der Kindertagesstätte im Ortsteil Wassergrund. In Gegenwart von Bürgermeister Ferner fand heute der erste Spatenstich statt. Die Kinder feierten mit. mehr

Abb. 13.2 Zu langweilig und kleinteilig

Die wenig originelle Gruppenaufnahme in Abb. 13.2 zeigt viele Honoratioren und Kinder – so viele, dass niemand mehr erkennbar ist.

13.2 Die ausführliche Meldung

Eine Meldung muss deutlich länger sein als der Teaser (in der Regel mindestens acht Zeilen) und zusätzliche Informationen enthalten.

Online-Meldungen sollten aktuell und genauso einfach und klar formuliert sein wie die On-Air-Nachrichten. Aber sie können länger sein und mehr Hintergrund und Erklärung bereitstellen. Vor allem: Angebote auf dem Bildschirm werden nicht linear genutzt. Informationen können gleichzeitig durch Text, Bilder, Grafiken, Karten etc. vermittelt werden.

▷ Zwischenüberschriften sorgen für eine klare Gliederung

Der Text darf nicht als Bleiwüste daher kommen. Er muss gegliedert und mit Zwischenüberschriften übersichtlich gestaltet werden. Als Faustregel gilt: Für jeden Aspekt einen eigenen Absatz, nach spätestens zwei bis drei Absätzen eine Zwischenüberschrift.

Die Zwischenüberschriften sollten nicht bereits bekannte Botschaften aus der Schlagzeile, dem Teaser oder der Bildunterzeile wiederholen. Auch wörtlich übernommene Formulierungen aus dem Text gehören nicht in Zwischenüberschriften. Die sind für den jeweiligen Textabschnitt was die Hauptüberschrift für den gesamten Text ist. Dementsprechend müssen Zwischenüberschriften nach den gleichen Kriterien sorgfältig formuliert werden.

▶   **Bilder spiegeln die verschiedenen Aspekte einer Meldung wider**

Bilder müssen zur Überschrift und zum Text passen. Die Bildsuche kann mühsam sein, deshalb müssen Online-Redaktionen Zugang zu umfangreichen und gut „verschlagworteten" Bilddateien haben.

Für Bilder im Text gelten die gleichen Regeln wie für das Teaser-Bild. Bei mehreren Bildern sollten unterschiedliche Motive zu sehen sein, nicht mehr oder weniger der gleiche Inhalt aus unterschiedlichen Blickwinkeln oder in unterschiedlichen Ausschnitten. Wohltuend ist eine Mischung aus Totalen und Detailaufnahmen, Menschen und Dingen, klaren Konturen und kleinteiligeren Bildern.

In jedem Fall muss eine Bildunterzeile (BU) her – Bilder sind immer interpretationsfähig und sprechen fast nie für sich allein. Die Bildunterzeile sollte keine Wiederholungen aus der Überschrift oder dem Text enthalten. Bildunterschriften sind kurz aber enthalten mehr als nur eine reine Bildbeschreibung oder den Namen einer abgebildeten Person. Sie soll zusätzliche Informationen bieten, die das Bild allein nicht liefert.

Die meisten Nutzer lesen zuerst die Bildunterzeile, bevor sie sich der Meldung zuwenden. Deshalb sollte die Bildunterzeile zum Lesen des Textes anregen und im Tonfall ähnlich formuliert sein wie dieser (keine spaßige BU zu einem ernsten Text und umgekehrt, in den Nachrichten also meist sachliche Bildunterschriften).

Zu jedem Bild gehört eine Quellenangabe. Die kann auch im „Alt"-Text untergebracht werden. Dieser „Alt"-Text wird in einem kleinen Fenster sichtbar, wenn man mit dem Cursor über das Bild fährt. Dort sollte auch eine kurze Beschreibung des Bildinhalts hinterlegt werden (z. B. für sehbehinderte Nutzer).

Bei mehreren Bildern („Bildergalerie") müssen die Bildunterzeilen jeweils für sich stehen können.

▶   **Links führen zu weiteren Informationen**

Auch in den Nachrichten eröffnet das Prinzip des Hypertextes sinnvolle Möglichkeiten. Verlinkt werden können ganz unterschiedliche Angebote, grob unterteilt in „interne" Links (Angebote aus dem eigenen Haus) und externe Links (Quellen im WWW).

Interne Links können zu Beiträgen führen, die direkt zur Meldung passen oder verwandte Themen aufgreifen. Das können Texte aber auch Audios oder Videos, Bildergalerien, Grafiken, Votings, Livestreams oder ähnliches sein.

Sehr beliebt sind auch Programmtipps. Wenn es zum Thema einer Meldung eine passende Sendung im Hörfunk- oder Fernsehen gibt – nichts liegt näher als ein Link, möglicherweise sogar schon gleich unter dem Teaser.

Externe Links können zusätzliche Informationen, Hintergründe, Originalquellen usw. erschließen. Solche Verweise müssen redaktionell begründet sein und dürfen nicht auf werbliche Seiten führen. Auf keinen Fall dürfen Links am Ende eines Teasers gleich auf eine externe Seite führen (z. B. weil es dort eine Statistik oder eine anschauliche Karte oder Grafik gibt). Zuerst muss immer die Weiterleitung auf die eigene Meldung kommen.

Externe Links können souverän wirken: Die Redaktion kennt sich aus und empfiehlt ausgewählte weitere Infos – ohne Angst, dadurch User an andere Anbieter zu verlieren. Solche Links können aber auch riskant werden, wenn die Inhalte hinter dem Link irgendwann ausgetauscht werden oder die verlinkten Angebote ihrerseits Links auf andere Seiten anbieten, die womöglich zweifelhaft sind.

Links im laufenden Text einer Meldung müssen gut überlegt sein. Nur selten lohnt es sich, einzelne Wörter in einer Nachricht mit einem Link zu hinterlegen. Überhaupt nicht in Frage kommen ganze Sätze als Hyperlink.

Links müssen eindeutig beschriftet werden. Bei Videos und Audios müssen Inhalt, Länge und Format angegeben werden, zu Bilderstrecken gehört die Anzahl der Bilder. Zu externen Links gehört die Angabe, wer die Seite oder das Dokument anbietet. Bei PDF-Dateien wird deren Größe angegeben.

> ▶   Mit Audio- und Videoangeboten die vielfältigen Möglichkeiten der Online-Darstellung nutzen

Der Text eines Korrespondentenberichts eignet sich nur bedingt für die schriftliche Veröffentlichung im Internet. Wenn ein KB eingestellt wird, muss er als solcher erkennbar sein oder so redigiert werden, dass er sich zur schriftlichen Veröffentlichung eignet. Den Text unverändert als trockene Nachricht zu behandeln ist meist nicht sinnvoll. Der „Erzählstil" und die persönlichen Wertungen unterscheiden sich in der Regel deutlich von den sonstigen Nachrichten. Das muss den Lesern der regionalen Internetnachrichten-Seite erklärt werden.

Am einfachsten geht das, indem man die Anmoderation als Text einstellt und dann den Wortlaut des Kurzberichts z. B. mit „XY berichtet:" an die Anmoderation dranhängt. Noch besser ist es natürlich, eine kurze schriftliche Meldung mit den wichtigsten Fakten zu formulieren und den KB zusätzlich als Audiofile zur Verfügung zu stellen. Entsprechendes gilt für Videoangebote. Die Erfahrung lehrt allerdings, dass Audios vergleichsweise selten angeklickt werden. Videos sind offenbar attraktiver.

▶   Aktualisieren – sonst wird aus dem „schnellsten Medium" ein Ladenhüter

Oft aktualisieren die Regionalstudios eines Senders ihre Internet-Regionalnachrichten in unregelmäßigen Abständen und untereinander unterschiedlich. An einem beliebigen Tag findet man beispielsweise um 12 Uhr Nachrichten des einen Studios, die gerade aktualisiert wurden. Bei einem anderen Studio stehen noch die Nachrichten vom frühen Vormittag drin und wieder bei einem anderen Studio können sogar noch die Nachrichten zu lesen sein, die am Vorabend eingestellt wurden. Das ist unbefriedigend und führt das Radio und seine Onlineausgabe als „schnellste Medien" ad absurdum.

Das Internetangebot sollte so aktuell wie möglich sein. Idealerweise wird jede neue Sendung auch gleich ins Internet gestellt. Zumindest bei Meldungen von herausragendem Nachrichtenwert (Breaking News), sollte die Online-Fassung der Regionalnachrichten auch zwischen den On-Air-Sendungen aktualisiert werden.

Mittelfristig wird kein Weg daran vorbei führen, die regionalen Online-Nachrichten weitgehend vom Hörfunkangebot abzukoppeln, das heißt, die Regionalnachrichten im Internet laufend zu aktualisieren – unabhängig von den starren Sendezeiten im Radioprogramm. Das kann so weit gehen, dass auch Meldungen online verbreitet werden, für die in der begrenzten Sendezeit kein Platz ist. Dem stehen allerdings im öffentlich-rechtlichen Rundfunk Beschränkungen gegenüber, die das Online-Angebot eng an die tatsächlich gesendeten Themen binden.

13.3   Entwicklungen

In allen Funkhäusern wird daran gearbeitet, Hörfunk-, Fernseh- und Online-Nachrichten besser zu koordinieren und das gesamte Nachrichtenangebot danach auszurichten. Überall sind „trimediale Newsrooms" entstanden. Radioreporter mit Digitalkamera und/oder I-Phone mit entsprechendem App sind vielerorts schon Realität. Sie können ihren Hörern mit Fotos oder Videos im Internet deutlich mehr bieten, als die nur mit Mikrofon und Schreibblock bewaffneten Kollegen.

Immer wichtiger werden bewegte Bilder im Internetangebot – das betrifft zunehmend auch die Nachrichten. Allerdings ist es oft schwer, Videosequenzen von regionalen Ereignissen anzubieten. „Trimediale" Reporter müssen schon heute Bilder vom Einsatz vor Ort bereitstellen, bevor sie sich ans richtige Recherchieren und Texten machen können. Manchmal gelingt es ihnen, auch brauchbare kurze Videos zu drehen und an die Heimatredaktion zu schicken oder gar direkt ins Netz zu stellen. Selbst die aktuellen Redaktionen im Fernsehen nehmen solch Stücke immer öfter als „erste aktuelle Bilder", die dann bei Bedarf später durch technisch hochwertige Aufnahmen ersetzt werden.

Viele Sender versuchen mittlerweile die Nachrichten auch visuell geografisch zu verorten. Interaktive Landkarten helfen, die Orte des Geschehens rasch zu finden. Die sogenannte „Georeferenzierung" ermöglicht z. B. auch, gezielt alle Meldungen aus einer bestimmten Stadt oder Region aufzurufen. Für die automatische Zuordnung der Meldungen können v. a. die Ortsmarke aber auch weitere Ortsnennungen innerhalb der Meldungen dienen. Solche Mashups, also Vermischungen verschiedener Formen (hier die Landkarte mit eigenen Markierungen für Meldungen), bieten übrigens auch in anderen Kombinationen bislang kaum genutzte Darstellungsmöglichkeiten (Grafik mit Textmarken, Landkarte und Bilder, Zeitstrahl und Texte etc.). Ihre Gestaltung ist allerdings aufwändig.

Noch viel zu selten werden Regionalnachrichten so archiviert, dass auch ältere Meldungen im Internet recherchiert werden können. Natürlich ist es nicht sinnvoll, Regionalnachrichten über Monate hinweg zu speichern und zugänglich zu machen. Hörernachfragen in den Redaktionen zeigen aber, dass zumindest die Meldungen der zurückliegenden zwei bis drei Tage durchaus noch für viele Nutzer interessant sein können.

Immer wichtiger werden die sozialen Netzwerke, allen voran Facebook und Twitter. Kurznachrichten auf Twitter werden in vielen Redaktionen bereits zu Recherchezwecken genutzt. Allerdings müssen getwitterte Neuigkeiten besonders kritisch auf ihren Wahrheitsgehalt überprüft werden, bevor sie weiterverbreitet werden dürfen.

Noch relativ selten betreiben Redaktionen den Aufwand, ihre Nachrichten selbst in Kurzform zu twittern – also ihren „Followern" wichtige Nachrichten in Kurzform (max. 140 Anschläge pro tweed) aufs Handy zu schicken. Das kann längerfristig ein reizvoller Ausspielweg sein. Auf keinen Fall sollte die Begeisterung für soziale Netzwerke aber dazu führen, dass alle Online-Anstrengungen nur noch auf Facebook und Twitter gerichtet werden und der klassische Internetauftritt vernachlässigt wird. Das könnte sich rächen, auch wenn momentan der Trend vom „go online" zum „go mobile" anhält. Ideal: Die Twittermeldung teasen auf die sendereigene Homepage bzw. spezielle aktuelle Seiten.

Journalisten haben kein „Informations-Monopol" mehr. Immer mehr Akteure stellen Nachrichten ins Netz und bieten Reportagen an. Manche Blogger senden schon tagesaktuelle oder gar stündliche „Nachrichten". Neuigkeiten werden in Echtzeit getwittert, Nachrichten überall und jederzeit abgerufen.

Damit wackelt auch das Selbstverständnis der Journalisten als gesellschaftliche Kontrollinstanz, als „vierte Gewalt" im Staat. Manche Journalisten und Medienhäuser haben daraus ja auch einen gewissen Sonderstatus abgeleitet – um nicht zu sagen, einen „Standesdünkel" entwickelt. Den gilt es schleunigst abzulegen.

Angesichts der Flut von Informationen im Netz kommt es immer mehr darauf an, die richtige Auswahl zu treffen und die Meldungen so aufzubereiten, dass Zusammenhänge klar werden. Kommunikationswissenschaftler diskutieren längst über eine Gesellschaft, die zunehmend „overnewsed but underinformed" sei.

Boulevard-Medien können anschaulicher und verständlicher formulieren – solange sie kompliziertere Zusammenhänge und Informationen einfach weglassen. Möglichst schaurige Unfälle melden statt umstrittene Gemeinderatsbeschlüsse erklären, bunte Meldungen zusammenstellen statt Wichtiges von Unwichtigem zu unterscheiden – das kann nicht der Weg seriöser Medien sein. Diesen Wettlauf würde der Boulevard gewinnen.

Verlierer wäre die Gesellschaft, die wie nie zuvor auf „Fakten und Faktendimensionierung" angewiesen ist. Verlierer wären aber auch die angesehenen Informationsmedien, für die Glaubwürdigkeit und Verlässlichkeit gerade die Kriterien sind, ist, mit denen sie sich aus der Masse der Medien abheben. Darin liegt die Chance für Qualitätsjournalismus und zugleich eine große Verantwortung.

Allerdings: Die besten Nachrichten sind sinnlos, wenn sie nicht wahrgenommen werden. Verlautbarungsjournalismus mit verquastem Deutsch und autoritätshörigen Inhalten hat auf Dauer keine Chance. Gottseidank gibt es zwischen Boulevard und Oberlehrer aber ein weites Spektrum, Nachrichten verständlicher und

K.-A. Immel, *Regionalnachrichten im Hörfunk,*   139
DOI 10.1007/978-3-658-04893-8_14, © Springer Fachmedien Wiesbaden 2014

sprechsprachlicher zu machen, ohne die Seriosität aufzugeben oder nur noch das zu berichten, „was sich ganz einfach schildern lässt".

Nachrichtenredaktionen stehen heute unter dem Konkurrenzdruck durch Online-Medien und Social Media. Sie müssen immer schneller produzieren und vielerorts gleichzeitig mit weniger Personal und Geld auskommen. Einschaltquoten und Klickzahlen sind in manchen Häusern zum wichtigsten Maßstab für die „Qualität" eines Angebots geworden. Das verändert auch die Nachrichten und erst recht die Regionalnachrichten. Der Trend zu „leichter verdaulichen" Meldungen, zu Buntem und Skurrilem ist besonders in der regionalen Berichterstattung unverkennbar.

Immerhin haben Radio und Fernsehen gegenüber der Zeitung den Vorteil, dass der Überbringer einer Nachricht nicht völlig anonym bleibt, sondern spricht bzw. sogar zu sehen ist – das nimmt den klassischen Nachrichten in Hörfunk und Fernsehen etwas von ihrer Unnahbarkeit. Dennoch wird in vielen Funkhäusern zuweilen erbittert darüber diskutiert, ob die Nachrichten legerer, flotter, erzählerischer daher kommen könnten, dass sie personalisiert werden oder Meldungen gar als Geschichte mit einem Höhepunkt erzählt werden sollten.

Das sind bedenkenswerte Ansätze. Allerdings wird dabei oft übersehen, dass grade in der knappen Form von kurzen und sachlichen Meldungen auch viel Glaubwürdigkeit begründet ist, die Hörfunknachrichten von vielen anderen Informationsangeboten (v. a. online) abheben.

Deshalb ist Vorsicht geboten, wenn Nachrichtensendungen mit Unterhaltungselementen aufgepeppt werden sollen. „Regio-Shows" oder regionale Kurzmagazine können ein Weg sein, Nachrichtenelemente hörerfreundlicher und interessanter rüber zu bringen. Doch auch in solchen unterhaltsameren Formaten dürfen Information und Meinung nicht vermischt werden. Es ist langfristig gefährlich, Fakten mit atmosphärischen Straßenumfragen aufzuhübschen oder gar die Auswahl der Meldungen am mutmaßlichen Interesse der Kunden auszurichten. Noch mehr „Blaulicht", noch mehr Skandale und Sensationen – damit könnten sich die Radionachrichten (zumindest die öffentlich-rechtlichen) ganz schnell entbehrlich machen. Infotainment finden die Hörer auch wo anders (und womöglich besser gemacht).

The manufacturer's authorised representative in the EU is Springer
Nature Customer Service Centre GmbH, Europaplatz 3, 69115 Heidelberg,
Germany. If you have any concerns regarding our products, please
contact ProductSafety@springernature.com

Printed and bound by CPI Group (UK) Ltd, Croydon, CR0 4YY

27/04/2026

02097640-0007